Thorsten Weiss

Lebensziele umsetzen

Rückverbindung mit dem Ganzsein

Schirner Verlag

ISBN 978-3-8434-5043-0

Thorsten Weiss:
Lebensziele umsetzen
Rückverbindung mit dem Ganzsein

Umschlag: Murat Karaçay, Schirner,
unter Verwendung von # 13189701
(Бурдюков Андрей), www.fotolia.de
Windrose: # 26347204 (picidea),
www.fotolia.de; Foto vom Autor
Redaktion & Satz:
Bastian Rittinghaus, Schirner
Printed by: OURDASdruckt!, Celle,
Germany

www.schirner.com

1. Auflage Mai 2012

Lebensziele umsetzen

Ein kalter Morgen

Es ist sieben Uhr und ein klarer Morgen. Die klirrende Kälte war von drinnen bereits deutlich zu sehen gewesen. Dieser Morgen war anders als andere Morgen. Bereits beim Duschen hatte ich diesen Tag ganz bewusst wahrgenommen. Es war der Tag, an dem ich mich aufmachen wollte, mir einen großen Wunsch zu erfüllen. Ich verspürte die Freude auf diesen Augenblick bereits seit zwanzig Jahren in mir.

Draußen ist es sehr kalt, und ich bin aufgeregt, weil ich keine Vorstellung davon habe, was auf mich zukommen wird. Viele Gedanken gehen mir durch den Kopf. »Kann ich dieser Kälte widerstehen? Reichen die vielen Schichten an Funktionskleidung zum Schutz?« Ich beschließe, allen Einwänden meines Unterbewusstseins zu trotzen und es wirklich durchzuziehen. Jetzt gibt es kein Zurück mehr. Ich habe mir für diese Woche etwas ganz Besonderes vorgenommen: Mein Ziel ist, eine Woche lang unterwegs zu sein und in dieser Zeit dieses Buch zu schreiben. Doch der eigentliche Grund dieser Reise in das Unbekannte war nicht das Buch. Ich wollte mir einen Wunsch erfüllen: einen Ultralauf. Allein. Und im Laufe meiner Vorbereitungen auf diese

Zeit hatte sich die Idee in mir entwickelt, die durch das Alleinsein und die lange Zeit in der Natur entstehende Kreativität zu nutzen. Vor ein paar Wochen las ich ein Buch von Joey Kelly. Er beschreibt darin eine ziemlich verrückte Idee. Alle seine Ideen sind ziemlich verrückt, und ich mag sie. Doch die toppte alle: Er wollte ohne Essen mitzunehmen von Wilhelmshaven bis auf die Zugspitze laufen. Das war spannend! Zeile um Zeile war ich gefesselter, und mein Sehnen wurde wieder wach. Ja, jetzt war es Zeit dafür. Jetzt wollte ich die Idee auch endlich umsetzen. Nicht gleich über eine so undenkbar lange Distanz, aber es sollte doch herausfordernd für mich sein. Ich nahm mir also gleich eine Karte vor und suchte nach einer Strecke, die nicht nur machbar, sondern auch eindrucksvoll und schön sein sollte. Nach nicht allzu langer Zeit stand die Route fest: Ich wollte von Den Helder, einer kleinen Küstenstadt ganz im Norden von Holland, zurück nach Hause laufen. Rund 140 km – das war zu schaffen. Los ging das große Abenteuer! Ein Abenteuer, von dem ich jetzt nicht weiß, wie es werden wird, doch in der Tiefe meines Herzens

spüre ich, dass dies jetzt zu tun meiner Wahrheit entspricht. Ich fühle, dass mich dieser Ultralauf noch stärker mit meinem Ganzsein verbinden wird. Und genau dort möchte ich dich auch mit diesem Buch hinführen.

Du sollst dich mit deinem eigenen Sein wiederverbinden.

Und aus diesem Ganzsein heraus kannst du die großartigsten Dinge umsetzen. Diese riesige Chance wartet jetzt auf dich. Die Zeit, in der wir uns momentan befinden, ist eine ganz besondere, eine Zeit der Bewusstwerdung, in der alte ungeheilte Wunden sichtbar werden und Dinge, die du bis jetzt gut versteckt hast, kommen wieder an die Oberfläche. Doch dies geschieht, damit du auch deine Schöpferkraft wiederentdecken kannst. Diese will jetzt endlich von dir entwickelt werden. Und die Quelle dieser Kraft ist dein Herz.
Ich mache mich also auf zur Bushaltestelle. Es ziehen viele Gedanken durch mich hindurch: Schaffe ich das wirklich? Ist es nicht doch viel zu kalt? Habe ich genug wärmende Kleidung dabei? Schaffe ich diese 140 km mit dem 12-kg-Rucksack auf dem Rücken? Habe ich die richtigen Schuhe an? Ich weiß, dass all diese Einwände meines Unterbewusstseins mir nur dazu dienen, mei-

nen Plan vielleicht doch noch zu ändern. Denn was ich hier gerade mache, ist neu für mich. Es ist ungewohnt. Und eine wichtige Aufgabe unseres Unterbewusstseins ist es, uns zu beschützen. Es möchte uns vor Verletzungen bewahren, allzu große Veränderungen von uns abhalten und uns zeigen, dass es in unserer Komfortzone am bequemsten ist. Auf der einen Seite steht mein Sehnen nach diesem neuen Abenteuer, doch meine Konditionierung kennt das nicht und es ist gefährlich für mich. Schließlich ist es kalt, ist es unangenehm, ist es unbekannt. Dass diese Einwände, Zweifel und negativen Gedanken in Bezug auf deine Vorhaben auftauchen, wirst du sicher auch kennen.

Es gibt nur ein Rezept, um diese Einwände in helfende Kraft zu verwandeln: Mache sie dir zum Freund!

Das geht, indem du sie bewusst als Einwände wahrnimmst und annimmst. Später in diesem Buch werde ich dir eine fantastische Übung vorstellen, mit der du an diese Einwände herankommst, die dich bislang immer wieder von deinen Lebenszielen ferngehalten haben. Du wirst lernen, wie du sie auf einfache Weise auflösen kannst und dann viel schneller an dein Ziel gelangen wirst.

Die Liebe und das Herz – nur etwas für Weicheier?

Ich bin angekommen. Ich habe mein Handy ausgeschaltet und genieße es nun, in Kontakt mit dem Universum, meinem Herzen und meinem wahren Selbst zu treten. Mein Herz ist die Verbindung zu allem, was existiert. Es verbindet mich mit der Liebe der göttlichen Mutter und mit meinem höchsten Bewusstsein. Viele Menschen würden sagen: Das ist uncool! Andere sagen, dass es realitätsfremd ist und so ein Leben nichts mit der echten, harten Realität zu tun hat. Liebe und Herz sind etwas für Weicheier, haben jedoch keinerlei Bedeutung, wenn man im Leben weiterkommen will. Sich einen Rucksack zu packen und bei minus zehn Grad loszulaufen, ist ganz schön dumm und hat überhaupt nichts mit dem wirklich Wichtigen zu tun: Erfolg, das Geschäft weiterbringen. Dieser Ansicht sind nach wie vor sehr viele Menschen. Und wenn ich auf diese Leute treffe, die gesteuert sind von ihrem Intellekt und ihrem Ego, die ausschließlich ihren finanziellen Interessen nachgehen, dann sehe ich in Gesichter, die von Verzweiflung gezeichnet sind. Sie spiegeln genau das wider, was unsere Welt widerspiegelt: Verwirrung, Isolation, Zersplitterung. Doch es geschieht gerade eine globale Veränderung, der wir uns alle stellen müssen. Macht, Machtbewusstsein, alte Systeme wie das Finanzsystem, das Geld und selbst unsere Unternehmen funktionieren nicht mehr. Die Frage, die sich aufwirft, ist: Was funktioniert dann? Es muss ja irgendwie weiterfunktionieren.

Ich möchte von Anfang an noch einmal ganz deutlich machen, dass es mir bei Lebenszielen nicht darum geht, dir zu vermitteln, wie du die Ziele deines Egos erreichen kannst. Darüber gibt es genügend andere Bücher. Mir geht es vielmehr darum, dir zu zeigen, wie du das Sehnen und die Wünsche deines Herzens erkennen kannst. Diese Wünsche, die tief aus deinem Inneren kommen, setzen ungeahnte Kräfte frei. Es geht um die Kraft des Herzens. Viele Marketingexperten waren der Zeit, die nun anbricht, voraus, denn sie haben erkannt, dass Menschen, wenn man ihnen suggerieren kann, dass man sie mit dem in Verbindung bringen kann, was sie lieben, sich für ein Produkt öffnen. Wir lassen uns aus unserem Herzen dazu verleiten, dieses Produkt zu kaufen. So hat vor vielen Jahren eine Fast-Food-Kette erkannt, dass die Liebe anzu-

sprechen die beste Möglichkeit ist, die Menschen zu erreichen. Dem folgten viele, Banken, Fluggesellschaften, Fernsehsender und Lebensmittelkonzerne. Wenn du die Menschen in ihren Herzen mit einer Geschichte berührst, mit der sie sich identifizieren können, schauen sie auf und öffnen sich. Sie messen dem, was sie da wahrnehmen, eine Bedeutung bei. Doch handeln diese Unternehmen auch dementsprechend? Es gibt Unternehmen, bei denen die ganze Struktur von Liebe durchdrungen ist, und das spürst du deutlich. Bei anderen weißt du genau, dass es nur ein leerer Verkaufstrick ist. Doch du kannst den Unterschied fühlen, und langfristig wird es sich am Erfolg des Unternehmens zeigen, ob sie es ernst meinen oder nicht. Angesichts des zunehmenden Bewusstseins der Menschen in dieser Zeit wird Unwahrhaftigkeit nicht mehr funktionieren.

Erinnere dich an alles, was dich bis heute angetrieben hat. Welche Ziele hattest du? Welchen Rollenmodellen bist du gefolgt? Haben sich diese verändert? Merkst du, dass die Ziele, die du einmal hattest, immer mehr an Bedeutung verlieren? Mit zunehmender Bewusstheit erkennst du, dass diese Dinge nicht mehr zu dir passen und wahrscheinlich noch nie gepasst haben. Und deswegen hast du sie auch nicht erreicht. Ich möchte dir zeigen, wie wesentlich es ist, dass du dein Leben immer wieder aufs Neue auf dein Herz ausrichtest. Du wirst erkennen, wie lohnend es ist, nur noch den Dingen zu folgen, die sich für dich wirklich passend und gut anfühlen.

Eigentlich weiß ich nicht, was mich in den kommenden Tagen erwartet. Doch das ist in diesem Moment gar nicht notwendig. Denn das Gefühl von Vollkommenheit bestätigt mir, dass ich das Richtige mache, dieses reine Gefühl zeigt mir, dass ich auf dem richtigen Weg bin, ohne überhaupt genau zu wissen, wo ich mich befinde.

Kurz bevor ich mit dem Zug in Den Helder ankam, wurde mir erst bewusst, dass ich gar nicht wusste, wie ich gehen musste, um zu meinem ersten Etappenziel zu gelangen. Für den heutigen Tag habe ich mir, um mich an das Laufen zu gewöhnen, eine kurze Distanz vorgenommen. Etwa 19 km liegen vor mir. Ich will mich dann von Tag zu Tag steigern, sodass ich schließlich längere Distanzen von 25 und 27 km gut meistern werde.

Ich weiß also nur, dass ich vom Bahnhof aus nach links gehen muss, um nach ein paar Kilometern die Küste zu erreichen. Dort gehe ich wieder nach links, denn mein Ziel liegt in Richtung Süden. Ich habe alle modernen Kommunikations- und Navigationshilfen zu Hause liegen lassen, kein iPhone, kein Internet, nur mit dem Herzen verbunden.

Warum Liebe der Motor für Höchstleistungen ist

In diesem Moment fühle ich eine überschwängliche Freude, einen Enthusiasmus, das reine Gefühl von Klarheit, das mir bestätigt, dass es richtig ist, was ich gerade tue: dem Sehnen zu folgen, das ich seit ein paar Jahren in mir trug. Ich folge also nur meinem Gefühl zu meinem ersten Etappenziel und habe nicht einmal eine Ahnung, wie die darauffolgenden Ziele heißen. Doch das ist heute auch noch überhaupt nicht von Bedeutung. Mal sehen, was mein Tag mir bringt! Ich lasse mich also weiter von meinem Herzen, meinem reinen Gefühl und meiner Intuition führen und bin gespannt, was ich alles erlebe. Denn das Spannende, wenn du dich auf den Weg machst, ein Lebensziel umzusetzen, ist, dass du völliges Vertrauen in den Weg haben musst, der dir bevorsteht. Du solltest ihn niemals planen. Als ich noch in einem Vertrieb arbeitete, wurde mir immer zu Jahresanfang eine Neukunden-Akquisitions-Strategie abverlangt, wie ich meine Umsatzzahlen erreichen wollte. Ich schrieb damals beliebige Firmenadressen aus dem Telefonbuch meines Vertriebsgebietes ab und übergab sie meinem Chef. Er war zufrieden, aber ich wusste ganz genau, dass wir niemals den Weg selbst festlegen können, wenn wir den universellen Gesetzen des Lebens folgen. Am Ende des Jahres hatte ich immer meine Vertriebsziele erreicht, und ich war schnell einer der besten Verkäufer – ohne Konzept. Dein Leben ist der beste Lehrer, den du hast, und es wird dir immer den besten Weg weisen und dir deutlich zeigen, wenn es notwendig ist, Kurskorrekturen vorzunehmen. Diese Korrekturen werden aus deinem Herzen, aus deinen Gefühlen, aus deiner Intuition heraus geboren. Wenn du sie gleich beachtest, dann muss der Lehrer Leben nicht eingreifen, aber wenn du darüber hinweggehst, dann wird er mahnend den Finger erheben und dich zu einer Korrektur zwingen.

Doch je mehr du dein Leben aus deinem Herzen lebst, desto stärker wird es von deinem höchsten Bewusstsein geführt und orchestriert.

Dann wirst du irgendwann auch die scheinbar größten Schicksalsschläge und Herausforderungen als Geschenk dankbar annehmen können. Manchmal musst du aufgrund deiner eigenen Vergangenheit erst ein Stück weit von dem für dich perfekten Weg abweichen, doch der perfekte Weg ist ohnehin nur eine Illusion

deines Verstandes, er existiert nur in deiner Vorstellung. Der echte Weg wird dann sichtbar werden, wenn du deinem Herzen folgst.
Aber wie geht das? Wir haben das niemals gelernt. In den Schulen lernen die Kinder es nicht, sondern werden gezwungen, eine Welt als die richtige anzunehmen, von der wir heute wissen, dass sie nicht mehr funktioniert. Wenn wir heute in unsere Firmen schauen, dann sehen wir, dass die meisten Menschen unzufrieden sind. Firmen können aber nur dann funktionieren, wenn diese sich selbst lieben und Dinge tun, die sie aus ihrem Herzen heraus tun. Menschen, die nur arbeiten, um Geld zu verdienen, haben völlig den Kontakt zu ihrer Tätigkeit verloren und sind meist so abgestumpft, dass ihr Leben zu einer einzigen Depression geworden ist. Wir werden in ein vorgefertigtes Korsett aus Erfolgszwang und Macht gesteckt. Schaue dich einmal in deiner Firma um: Arbeiten dort Menschen, die ihren Job lieben, die sich morgens darauf freuen, all die Dinge zu tun, weil sie sich selbst lieben? Welchen Eindruck machen deine Kollegen auf dich? Lachen sie? Scherzen sie? Sind sie glücklich, da zu sein? Oder sitzen sie nur ihre Zeit ab und arbeiten am Montag bereits wieder auf das nächste Wochenende hin? Und du? Bist du getrieben von Erfolgswillen und dem Gedanken »Ich möchte es allen

da draußen zeigen«? Oder wirst du von deiner Liebe zu allem, was du tust, motiviert? Wenn ein Unternehmen in dieser Zeit wirklich erfolgreich sein will, muss es Menschen beschäftigen, die vor Liebe zu sich selbst strahlen, in denen du das Leuchten aus ihren Herzen siehst. Das bietet den Mitarbeitern einen Arbeitsplatz, an dem sie sich entfalten können und so ihre wahre Bestimmung finden. Nur, wenn die Führungskräfte und die Mitarbeiter eines Unternehmens aus ihrem Herzen heraus leben und die Entwicklung von Liebesbewusstsein eine der höchsten Prioritäten einnimmt, können Unternehmen heute langfristig erfolgreich sein, ihr volles Potenzial entfalten und Höchstleistungen vollbringen.

Es geht natürlich eigentlich gar nicht darum, Höchstleistungen anzustreben, doch wir können es statt Höchstleistung auch deine Lebensmeisterschaft nennen. Es bedeutet dasselbe. Ist es also wirklich so uncool, wenn du dem Herzen folgst? Wenn du dem folgst, was dir das schöne Gefühl von Verbundensein gibt, das wir Liebe nennen?

In meinem ersten Buch *Lebe Neue Bewusstheit* habe ich einige Übungen beschrieben, mit denen du wieder mit dem Herzen in Kontakt kommen kannst. Das sind sehr wichtige Übungen, wenn du keine Idee hast, wie das geht, weil du es niemals gelernt hast. Ich empfehle dir also, die praktischen Übungen darin zu machen, um dich mit deinem eigentlichen Motor, der wahren Identität deines Seins wieder zu verbinden. Unser Bewusstsein muss erst wieder erlernen, was es überhaupt bedeutet, dem Herzen zu folgen und nicht der Ratio, nicht dem Geld den Vortritt zu geben, wenn wir eine Entscheidung treffen.

Bist du wirklich bereit, deine Lebensziele umzusetzen? Bist du bereit, Höchstleistungen zu vollbringen? Möchtest du wirklich das verwirklichen, wonach sich dein Innerstes sehnt? Ja? Dann ist es jetzt an der Zeit, es zu tun! Denn die Qualität dieser Zeit unterstützt dich dabei. Es ist für deinen Verstand nicht nachzuvollziehen, dass diese Zeit eine ganz besonders hilfreiche Energie bereithält, die dich und alle anderen Menschen, die sich dafür öffnen, dabei unterstützt, ihre Lebensziele zu erreichen. Du kannst dir vorstellen, dass ein Engel darauf wartet, dich dabei zu begleiten. Aber sorry, es ist kein Engel, sondern dein

eigenes höchstes Bewusstsein. Du willst dich begleiten, die Energie ist eine Spiegelung deiner eigenen Größe, deiner eigenen Göttlichkeit. Dieses Energiefeld ist jetzt um ein Vielfaches stärker geworden, und es beschützt dich und erhöht dein Bewusstsein. Wenn du die neuen Gesetzmäßigkeiten akzeptierst, dann ist die Lebensmeisterschaft einfach zu erreichen. Das ist kein Wettbewerb. Nicht nur einer kann es, jeder Mensch ist in der Lage dazu. Es gibt keine Mitspieler, nur Gewinner. Du bist dein Team, und wenn du das Spiel annimmst, dann wirst du automatisch deine größten Potenziale entfalten. Wonach du dich auch immer sehnst, die neuen Gesetzmäßigkeiten werden dein Unterbewusstsein transformieren, sodass es alte Konditionierungen loslassen kann. Tritt ein in dein Meisterschaftsspiel!

Das alte Bewusstsein – Karma, Angst, Schuld und Opfersein

Ein konditionierter Teil von dir, den du dein ganzes Leben lang ausgelebt hast, ist dein Angstbewusstsein. Das sind Überzeugungen, die du aufgrund von Erfahrungen und Traumata entwickelt hast, die dir Angst bereiten. Deswegen hast du diese Dinge immer wieder zur Seite geschoben. Viele Menschen scheitern beim Umsetzen ihrer Ziele an dieser Angst.

Eine andere überholte Geisteshaltung ist das sogenannte Opferbewusstsein. Es basiert auf der Überzeugung, dass es Opfer und Täter gibt. Es ist das Bewusstsein der Dualität. Doch diese Dualität ist gerade dabei, sich immer mehr aufzulösen. Es ist so, als ob die Schere geschlossen wird, die wir im Laufe der Evolution der Menschheit geöffnet hatten. Stelle dir das am besten auf einer Skala vor:

Einheitsbewusstsein
HERZ
Liebesbewusstsein

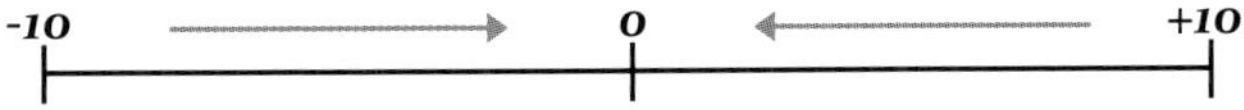

schlechtes Karma
Angst
Opfer
Schuldiger

gutes Karma
Mut
Täter
Ankläger

Der Mittelpunkt ist der Zustand der Ausbalanciertheit, von dort gibt es einen mehr oder weniger großen Ausschlag bis –10 und bis +10. Und dieses Schwarz-Weiß, in dem wir gelebt haben, wandert nun immer mehr zum Nullpunkt hin. Du kannst in dieser Zeit immer weiter in das Einheitsbewusstsein hineingelangen – weg vom Opferbewusstsein, weg von Plus und Minus, hin zu einem Bewusstsein, das sich in der Balance, in der Mitte befindet. Das gibt dir die Möglichkeit, wieder eins zu werden mit deinem Herzen.
Diese Schere rührt von einem Bewusstsein her, das wir Karmabewusstsein nennen können. Es ist dadurch entstanden, dass die Menschheit an ein bestimmtes Konzept von Reinkarnation glaubte. Es ist ein sehr schlüssiges Konzept, und ich möchte es auch überhaupt nicht widerlegen. Doch das Glaubenssystem, das darum ge-

wachsen ist, besagt, dass wir aufgrund unserer Hunderten oder gar Tausenden Inkarnationen einen großen, vollen Rucksack mit uns herumschleppen, in dem wir nach jeder neuen Inkarnation mehr Gepäck haben, der also immer schwerer wird. Wir sind folglich immer mehr in unsere eigene Vergangenheit verwickelt. All unsere vorherigen Inkarnationen wirken auf uns ein, und wir sind gefangen in einem selbst gebauten Gefängnis, dem Karma. Und wenn wir etwas Gutes tun, wenn wir Buße tun, nur dann können wir irgendwann dieses alte Karma ablegen. In vielen Religionen ist dies der einzige Weg in die Erleuchtung.

Doch dieses Prinzip sorgt immer wieder dafür, dass wir festsitzen, weiter im Angst- und Opferbewusstsein und mit dem Gefühl von Schuld leben. Vielleicht hast du irgendwann einmal in einer Rückführungssitzung erfahren, dass du mit deinem Partner eine karmische Verbindung haben sollst. Du sollst diesem Mann, als er einmal deine Frau war, etwas Böses angetan haben, ihn missbraucht, geschlagen oder betrogen haben, und deswegen musst du es jetzt akzeptieren, dass du dasselbe nun von ihm erfährst. Denn so lautet das Gesetz. Du entwickelst dadurch immer mehr ein Bewusstsein von Schuld, das sich unbemerkt beeinflusst. Bitte befreie dich davon!

Befreie dich – jetzt!

Das Phänomenale an der Zeit, in der wir jetzt leben, ist, dass dieses Bewusstsein sich jetzt verändern kann. Du musst nicht mehr monatelang in Therapie dafür, du brauchst keine Sitzungen mehr, du bekommst das alles gratis und in einem Moment durch die Energie, die sich um dich herum formiert hat. Dieser Moment ist jetzt! Du kannst jetzt also aus deinem alten Bewusstsein hinaustreten. Das ist ganz einfach: Triff jetzt die Entscheidung dazu! Wähle, in die neue Bewusstheit hineinzugehen. Es ist das Bewusstsein der Ganzheit, der Vollkommenheit, ein Bewusstsein ohne Schuld, Karma, Opfersein und Angst. Bist du bereit dazu, den Schritt raus aus dem selbst erschaffenen Gefängnis hinein in die Kraft deiner unendlichen Möglichkeiten zu gehen? Willst du deine Meisterpotenziale entfalten und alle Chancen ergreifen, die in deinem eigenen Leben warten? Möchtest du dein großes Lebensziel umsetzen? Zur Vorbereitungen für diese Entscheidung machen wir jetzt eine Übung. Du legst dann gleich das Buch zur Seite und führst sie so durch wie beschrieben. Versprichst du dir das? Dir selbst, nicht mir, denn wenn du deinem konditionierten Geist jetzt diese Hilfestellung anbietest, dann wird er vor Freude hüpfen und voller Enthusiasmus alles freigeben können, was er bislang festgehalten hat.

Nimm dir eine Tageszeitung, und falte eine Seite auseinander. Lege diese Seite auf den Boden. Die Massenmedien sind für mich der Inbegriff von altem Bewusstsein, das auf Karma, Schuld, Macht, Angst und Opferbewusstsein basiert. Du erschaffst dir mit der Zeitungsseite also eine für deinen Geist gut verständliche Repräsentation dieser Denkweise. Dann nimmst du noch 12 weiße Blätter zur Hand. Auf jedes dieser 12 Blätter schreibst du jeweils ein Wort, nämlich eine der Qualitäten der neuen Bewusstheit. Später werden wir noch detailliert auf diese Qualitäten eingehen. Schreibe jetzt auf jedes der 12 Blätter eines der folgenden Wörter:

Superflow
Klarheit
Heilung
Akasha-Potenzial
Ausbalanciertheit
Wahrhaftigkeit
Segnung
Einssein
Frieden
Höhere Weisheit
Wohlstand und Überfluss
Liebe

Danach legst Du diese 12 Blätter ein paar Meter von der Zeitung entfernt auf den Boden. Dieses Feld symbolisiert also deine neue Bewusstheit, die es jetzt von dir zu entdecken gilt. Stelle dich nun ganz bewusst in das alte Bewusstsein, und komme noch einmal mit ihm in Kontakt. Verurteile es nicht, denn es gehörte bis jetzt zu dir. Du hast nach bestem Wissen und Gewissen gelebt und dieses Bewusstsein angesammelt. Du hast nichts falsch gemacht, du kanntest einfach nichts anderes. Fühle in dir, wie dieses so vertraute und komfortable Gefühl und die dazugehörenden Emotionen und Gedanken durch dich hindurchströmen. Lasse noch einmal jede Zelle darin leuchten, und durchlebe es noch ein letztes Mal. Bleibe in diesem Feld so lange stehen, bis du wirklich bereit bist, es zu verlassen. Spürst du Widerstände, hast du Zweifel, fühlst du dich vielleicht im alten Bewusstsein sogar noch richtig? Dann lies jetzt bitte nicht weiter, und lege das Buch zur Seite. Du solltest diesen Schritt nämlich wirklich nur dann gehen, wenn es deine feste innere Entscheidung ist. Lasse dich bitte nicht von mir dazu drängen, sondern nimm dir alle Zeit, die du für diese Entscheidung benötigst. Du kannst die Übung in ein paar Stunden, Tagen oder Wochen noch einmal ausprobieren und dann wieder fühlen, ob du bereit bist für diesen Schritt in das Unbekannte. Neue Bewusstheit ist nämlich völlig ohne Konzept. Du triffst etwas völlig Reines an, was erst von dir gestaltet werden muss. Du kannst darin nicht mehr aus den alten Mustern handeln. Du musst völlige Verantwortung für alles übernehmen, denn es gibt kein Schuldbewusstsein mehr. Du kannst also niemandem mehr die Schuld geben, du bist für alles verantwortlich. Es gibt kein Weglaufen mehr vor etwas, was zu groß, zu weit weg oder unerreichbar ist – keine Angst, nur vollstes Vertrauen. Du bist der Chef, da gibt es keine Entschuldigungen mehr, sondern nur Verantwortung für dich und deine Entscheidungen.

Bist du wirklich bereit dazu, jetzt den Schritt in die neue Bewusstheit zu gehen? Wenn deine Antwort ein deutliches Ja ist, dann atme noch einmal tief ein. Lasse den Atem tief durch dich hindurchfließen, und spüre, wie sich bereits etwas zu verändern beginnt. Und dann sprich den folgenden Satz sehr bewusst und laut. Bitte lies ihn nicht nur, sage ihn nicht auf, sondern sei dir der Wirkung dessen bewusst, was du hier gerade machst: Du leitest jetzt einen Quantensprung in deinem Bewusstsein ein. Du initiierst einen Transformationsprozess, auf den deine Seele schon viele Lebzeiten hindurch hingearbeitet hat. Es ist jetzt so weit. Sage ganz liebevoll und doch bestimmt und voller Vertrauen zu dir selbst:

Ja, ich bin bereit. Ich bin so bereit wie nie zuvor, zu erkennen, wer ich wirklich bin. Ja, ich bin jetzt bereit dafür, mich mit meinen höchsten Potenzialen rückzuverbinden. Ich bin bereit. Ja, ich bin bereit. Ich bin bereit.

Und dann lässt du das Alte hinter dir. Du verlässt das Feld des alten Bewusstseins und trittst ein in die neue Bewusstheit. Mache diesen Schritt in Richtung des neuen Feldes. Laufe zu den 12 weißen Blättern hin, und bringe dein ganzes Sein, deinen Körper, deine Seele und dein höchstes Bewusstsein in Berührung mit deinem wahren Selbst. Stehe darin, fühle darin, atme darin, nimm darin wahr. Atme dann noch ein paar tiefe Züge, und bleibe am besten ein paar Minuten mit geschlossenen Augen dort stehen. Wenn du feinfühlig bist, dann wirst du deutlich spüren, wie der Prozess der Transformation einsetzt. Du wirst Lichtblitze in deinen Zellen sehen und spüren, wie die Wellen der neuen Bewusstheit deinen Körper durchströmen und wie er warm wird und angenehm in diese neue Lebenserfahrung eintaucht. Alles organisiert sich auf eine Weise neu, wie es für dich in diesem Prozess der Transformation jetzt wichtig ist.

***Genieße deine Entscheidung,
und freue dich auf alles, was dich nun erwartet.***

Natürlich kann so eine Umorganisation auch erst einmal ein scheinbares Chaos anrichten. Du wirst möglicherweise noch einmal kurz mit alten, unerledigten Themen konfrontiert. Doch dein Leben möchte dir in dieser neuen Bewusstheit nur der beste Lehrer sein, den du für deinen Wachstumsprozess haben kannst. Lasse dich also nicht von den Dingen einschüchtern, die du bislang verdrängt hattest. Es ist wesentlich, diese Themen jetzt anzusehen, denn auf dem Weg in deine Lebensmeisterschaft musst du dir der Tatsache bewusst werden, dass du nun wieder in deine Ganzheit hineinwachsen wirst. Dazu gehören alle Aspekte deines Seins. Du warst natürlich immer irgendwie ganz. Aber wirkliche Vollkommenheit kommt aus dir selbst heraus, dazu brauchst du niemanden sonst. Du hast keine emotionalen Bedürfnisse mehr, du bist der Inbegriff von Liebe und frei von allen Abhängigkeiten. Du benötigst keine Engel, keine Räucherstäbchen, keine Kristalle, nichts. Nur dich und dein höchstes Bewusstsein.

Der Königsweg macht immer (erfolg-)reich

In meinem Buch *Lebe Neue Bewusstheit* habe ich bereits einige Beispiele dafür gegeben, wie erfolgreich Entscheidungen waren, die ich nicht aus dem Verstand, sondern aus dem Herzen heraus getroffen habe. Je häufiger du dieses Prinzip anwendest, desto mehr wird es zu einem Autopiloten, und du wirst irgendwann nicht mehr darüber nachdenken, ob du nun aus dem Verstand oder aus dem Herzen entschieden hast. So wie du es vielleicht bisher gewohnt warst, in bestimmten Situationen aus dem Verstand zu handeln, wirst du diese Gewohnheit von Herzensentscheidung zu Herzensentscheidung immer mehr als normal empfinden und in dein Leben integrieren. Ich gebe dir ein Beispiel, das ich selbst kürzlich erlebt habe: Es ging um eine Ausbildung zum Coach für die kristalline 12er-Matrix in Wien, die ich geplant hatte. Ich reiste seit einiger Zeit regelmäßig dorthin, um Meditationsabende und Seminare zu geben. Doch dieses Mal fühlte es sich aufgrund verschiedener Gegebenheiten nicht mehr stimmig an. Für manches fand ich eine Erklärung, für andere Wahrnehmungen nicht. Es war also an der Zeit,

mich mit diesem inneren Hinweis auseinanderzusetzen, der mir riet: Thorsten, sage die Ausbildung dort ab. Als dieser Gedanke sich das erste Mal meldete, schob ich ihn zur Seite. Doch im Laufe der nächsten Wochen fiel meine Wahrnehmung fast täglich auf diese Ausbildung, die bereits in zwei Monaten stattfinden sollte. Konnte ich die Menschen, die sich vielleicht seit Monaten darauf gefreut hatten, enttäuschen und nun einfach absagen? Was würde dann in Zukunft geschehen? Würde ich wieder dort hinkommen, oder schlössen sich dort die Türen für mich? War das schlau? All diese Gedanken gingen mir durch den Kopf, und ich konnte mich dem Gefühl, das mir riet, abzusagen, nicht mehr widersetzen. Erschwerend für meinen Verstand kam noch hinzu, dass einige Teilnehmer für diese Ausbildung bereits im Voraus bezahlt hatten, was hieß, dass ich einen stattlichen Betrag wieder zurückbezahlen müsste. Den hatte ich jedoch schon wieder in ein anderes Projekt investiert. Es ging aber nicht anders, denn ich wusste, dass ich mich diesem Gefühl und meinem Herzen nicht widersetzen durfte. Ich habe diesen Weg einst gewählt, und ich weiß ganz tief in meinem Inneren, dass es der Königsweg ist.
Wer dieses Prinzip begriffen hat, wird mit solchem Reichtum beschert, dass er nie mehr wieder scheitern kann.

Dein Herz weist dir immer den richtigen Weg.

Also traf ich die Entscheidung aus dem Herzen und habe die Ausbildung abgesagt. Natürlich waren einige Menschen enttäuscht, manche hatten bereits nicht stornierbare Flüge und Hotelzimmer gebucht. Ich verstehe, dass sie nicht glücklich darüber waren. Ein paar Tage später bekam ich von einer derjenigen, die sich angemeldet gehabt hatten, eine E-Mail mit der Frage, ob ich nicht Lust hätte, in die Schweiz zu kommen. Sie wollte unbedingt diese Ausbildung machen und dachte sich, wenn der Thorsten nicht nach Wien kommt, dann hole ich ihn mir eben in die Schweiz. In einem Telefonat habe ich ihr gesagt, dass ich sehr gern komme, wenn eine bestimmte Gruppengröße gewährleistet ist. Sie war vollkommen überzeugt, das organisieren zu können, und ich froh, diese Entscheidung getroffen zu haben. Nach kurzer Zeit war der erste Seminartermin ausgebucht. Sie bat mich um einen zweiten Termin. Das war zu diesem Zeitpunkt leider nicht möglich, weil alle meine Wochenenden bis weit über die zweite Jahreshälfte hinaus vollkommen ausgebucht waren. Doch das höchste Bewusstsein kennt immer einen Weg – kurz darauf wurde unerwartet ein Wochenende frei, und wie sollte es nach dem Prinzip des Superflow auch

anders sein? Auch dieser zweite Termin war nach wenigen Tagen bereits so gut wie voll.
Dein Leben bietet dir immer etwas noch Besseres und viel Größeres an, wenn du dem Herzen folgst.

Wenn du das, was nicht mehr zu dir gehört, hinter dir lässt, wird immer etwas noch viel Besseres kommen!

Verstehst Du das Prinzip dahinter? Hätte ich die Entscheidung aus meinem Verstand getroffen, nach Wien zu gehen, dann hätte ich mich für das Geld bzw. die Sicherheit entschieden. Nicht nur hätte ich dort keinen so großen messbaren Erfolg gehabt, es hätte mir gleichzeitig ein Gefühl der Unzufriedenheit gegeben. Denn immer, wenn wir nicht dem Sehnen des Herzens folgen, weichen wir wieder einmal ein Stück von der Großartigkeit unseres Lebens ab und gehen ein paar Schritte zurück in das Gefängnis von Verstand und Illusion. Meinem Herzen zu folgen hat mir hingegen nicht allein finanziell ein Vielfaches dessen beschert, was ich in Wien verdient hätte, es hat mir auch ein Stück Freiheit, ein Stück meiner eigenen Wahrhaftigkeit zurückgegeben. Es ist ein unwahrscheinliches Gefühl der Zufriedenheit und der Verbundenheit, wenn du deinem höchsten Bewusstsein folgst, dessen Kompass das Herz ist. Ich könnte dir Hunderte von diesen Geschichten erzählen, denn ich führe seit vielen Jahren mein Leben und auch mein Unternehmen auf diese Weise. Ein Unternehmer im Liebesbewusstsein ist der Unternehmer der Zukunft! Doch ganz gleich, ob es um Entscheidungen in einem Wirtschaftsunternehmen oder in der Familie geht, um die Wahl deiner Arbeitsstelle oder eines Partners: Setze dabei nicht die Analytik, deine Erfahrungen, die Angst, die Meinungen anderer oder deinen Verstand an oberste Stelle, denn dann würde die Entscheidung aus dem Karmabewusstsein heraus, aus dem Mangeldenken fallen. Doch dieses Mangelbewusstsein kannst du jetzt hinter dir lassen. Du bist jetzt in einer neuen Bewusstheit angekommen und lernst im Laufe dieses Buches, das Prinzip des Superflow anzuwenden. Du kannst dann aus der Ganzheit, der Rückverbindung mit der Vollkommenheit deines höchsten Bewusstseins heraus, deine Lebensziele umsetzen. Eigentlich ist es sogar noch besser: Du lässt dein Leben deine Ziele, Wünsche und Sehnsüchte umsetzen, denn wenn du einmal diesen Entschluss gefasst hast, orchestriert sich alles um dich herum auf wundervolle Weise. Erwarte also ab sofort, dass dein Leben erfüllt ist von großen und kleinen Wundern.

Das Tagebuch der Wunder

Von vielen Menschen, die an meinen Seminaren und Fern-Workshops teilgenommen haben und dieses Prinzip der neuen Bewusstheit in ihren Alltag integriert haben, weiß ich, dass sich bereits in ganz vielen Bereichen des Lebens ganz besondere, positive Entwicklungen zeigen und viele Veränderungen entstehen. Viele Menschen fühlen sich in Bezug auf das Leben, die Gesundheit, ihre Arbeit, Beziehungen und auch auf Geld und Finanzen insgesamt leichter und empfinden viel mehr Vertrauen. Das ist gut so. Es war der richtige Entschluss, in das Feld der neuen Bewusstheit einzutreten.

Ich möchte dich bitten, dir Zeit für die Reflexion zu nehmen, denn sie liefert dir den Beweis, dass es wirklich funktioniert: All die kleinen täglichen Wunder zeigen, dass du dir all diese Erlebnisse, Situationen und materiellen Dinge selbst erschaffen hast. Ein Gefühl von unendlichem Reichtum stellt sich ein, wenn du bereit bist, all die Gaben zu empfangen, die das Universum bzw. dein Leben zu geben haben, und du akzeptierst, dass es deinem natürlichen Wesen entspricht, all die Segnungen zu genießen, die das göttliche Universum, die Engel, dein Leben (das alles ist dasselbe!) zu bieten

haben. Dies alles anzunehmen und zu genießen ist dein Geburtsrecht.
Beginne gleich, ein Tagebuch der Wunder zu führen. Kaufe dir ein Buch, in das du alle Wunder hineinschreibst, die du in deinem Leben im Superflow erlebst. Ich selbst verwende dafür ein edles, gebundenes Buch. Sei es dir wert, ein richtig prachtvolles Buch, am besten in A-4-Größe anzuschaffen. Später wirst du noch mehr Anregungen bekommen, wie du es dazu verwenden kannst, deine Lebensziele umzusetzen. Bitte lasse dazu die ersten zwei Seiten frei.
Sei offen für Wunder! Lerne, dich immer mehr für Wunder in deinem Leben zu öffnen, und schreibe jedes kleine oder große Wunder in dein Wundertagebuch. Teile diese Wunder auch täglich anderen Menschen in deiner Umgebung mit.
Sei geduldig und wachsam. Allzu leicht fällt man in die alten Muster und gewohnten Glaubenssätze zurück, denn schließlich hat man ja lange Zeit mit ihnen gelebt. Die Verwandlung vollzieht sich am effektivsten, wenn sie langsam und sanft geschieht.
Während du in den kommenden Wochen mit diesem Buch arbeitest, kann es vorkommen, dass du Widerstände in dir spürst. Der Verstand wird sich widerset-

zen und versuchen, dir zu erzählen, dass das mühelose Erreichen deiner Lebensziele aus deiner Ganzheit heraus zu schön ist, um wahr zu sein. Dass du nichts ohne Anstrengung bekommst – dass sich finanzieller Wohlstand, perfekte Beziehungen und vollkommene Gesundheit nur durch harte Arbeit und nach endlosen Monaten und Jahren einstellen und schon gar nicht alles auf einmal möglich ist. Ja, dein Verstand kann und wird sich widersetzen. Bitte akzeptiere dies! Das ist seine Aufgabe, sein Job. Bitte gib deinem Verstand das Recht, das zu tun, solange er es tut. Doch sei auch offen dafür, dass sich selbst dein Verstand verändern kann. Die energetische Arbeit mit der kristallinen Zahlenmatrix, die wir gemeinsam machen werden, sorgt dafür, dass auch dein Verstand sich mitverändert!

Er wird früher oder später Ja dazu sagen, dass die Wunder, die du erlebst, nicht einfach Zufälle sind, sondern deine Kreation. Dein Verstand wird dem höheren Selbst Raum geben und dich dabei unterstützen, dich vollkommen auf deine Lichtkraft auszurichten. Und irgendwann wird der Punkt erreicht sein, an dem dein Verstand endlich versteht, dass er zunehmend die Kontrolle verliert. Er wird dann anders reagieren und nicht

mehr in Panik geraten und verzweifeln oder dir beweisen wollen, dass du es schwer haben musst. Er wird dir auch nicht mehr einreden, dass du Schuldgefühle wegen deiner Vergangenheit mit dir herumträgst und dich deswegen von allem Schönen und dem Glück des Lebens abschneidest. Er wird dir keine Angst vor der Zukunft mehr machen oder davor, deine Rechnungen nicht bezahlen zu können.
Doch erst müssen wir deinem Verstand einige Beweise dafür liefern, dass er nicht nur bis zum nächsten Monatsende denken muss, sondern, dass Vertrauen und spielerischer Umgang mit deinen Lebenszielen dazu führen, dass immer alle Rechnungen bezahlt werden können. Wenn du mit allen deinen Anteilen stets im Flow bist, wird es nie mehr zu Mangelsituationen kommen, sondern es werden immer neue Lösungen auftauchen. Du wirst bald selbst der Manager deines Lebens sein, und nicht mehr die Angst.

Rufe dir immer wieder ins Gedächtnis, dass die Angst nichts anderes ist als der Versuch deines Unterbewusstseins, dich zu beschützen.

Du hast es jahrelang im alten Karma-, Angst-, Schuld- und Opferbewusstsein darauf konditioniert. Dein Verstand versucht momentan, dich von den schönsten Dingen abzuhalten, die dir widerfahren könnten. Er wird dir so lange Hindernisse in den Weg legen, solange du dich ihm widersetzt. Doch die Widerstände lassen sich alle ganz leicht überwinden, indem du lächelst und zu deinem Verstand sagst: »Danke für diese Information!«

Erinnere dich immer wieder daran, dass es einen Teil in dir gibt, der bereits glücklich, reich und völlig offen für alle Gaben des Universums ist.

Du verdienst das alles, und wenn du beginnst, dir und deinem Leben zu vertrauen, wirst du erstaunliche Veränderungen in deinem Bewusstsein erleben. Und nicht nur das: Dein neues Bewusstsein wird kraft des Gesetzes der Resonanz und mittels der besonderen Energie der momentanen Zeit auch deinen Magnetismus auf eine neue Stufe bringen.
Wie nimmst du Wunder wahr? Wie teilst du Wunder mit? Die Wunder, die du erlebst, sind das Resultat deiner neuen, veränderten Wahrnehmung. Sie stellen sich ein, wenn du dein höheres Bewusstsein bittest, die Dinge durch einen anderen Filter zu sehen als den Filter des Verstandes. Wunder sind ein ganz natürliches

Phänomen, sie sind ein Ausdruck von Liebe und Dankbarkeit. Aber wenn dein Liebesflow blockiert ist, treten keine Wunder auf, sondern innere Zerrissenheit und die Abspaltung vom Fluss des Lebens. Ein Bewusstsein für Wunder heilt sogar Gefühle von Angst, Trennung, Schuld und Wut. Sich Wunder zuzugestehen, erfüllt dich mit Frieden, denn wenn du die kleinen und großen Wunder, die du im Alltag erlebst, mit anderen teilst, sprichst du in der Sprache der Liebe und Dankbarkeit. Und dadurch ermutigst du andere, auch nach Wundern Ausschau zu halten und diese zu erkennen. Je mehr Wunder du suchst, desto mehr Wunder wirst du finden. Deswegen solltest du wirklich alle Wunder, die du erfährst, die kleinen und die großen, so bald wie möglich in dein Wundertagebuch eintragen, bevor du sie wieder vergisst. Lässt du dem Verstand nämlich genügend Zeit, wird er die Wunder wegrationalisieren und es dir schwermachen, dich an sie zu erinnern.

Beginne also gleich jetzt, die Wunder aufzuschreiben, die du in den letzten Wochen bereits erlebt hast. Egal, ob sie in Zusammenhang mit diesem Buch stehen – schreibe sie alle in dein neues, schönes Wundertagebuch.

Erschaffe das Buch deiner Träume

Spielen wir noch ein wenig weiter mit diesem Wundertagebuch! Du solltest erst weiterlesen, wenn du es dir besorgt hast. Es macht unglaublich viel Freude, dein Sein kreativ auszudrücken und ihm dadurch die Kraft zu geben, auf einfache und spielerische Weise für dich zu manifestieren, was dir Freude macht.

Wir machen dieses Buch jetzt zu deinem Buch. Suche dir ein schönes Bild von dir heraus, und klebe es in die Mitte der ersten Seite. Du kannst mit Buntstiften einen Rahmen darum malen, es verzieren. Sei ganz kreativ dabei! Und dann lässt du von deinem Bild 12 Strahlen ausgehen, die rundherum in Kreise führen.

Erinnerst du dich noch an die 12 Zettel mit den Qualitäten der neuen Bewusstheit? Nimm diese nochmals hervor, und schreibe nun in den Kreis, der ganz nach unten zeigt, den Begriff »Superflow«. Die restlichen Kreis fülle alle beliebig mit den anderen elf Qualitäten. So visualisierst du dir noch einmal die kristalline Matrix.

In dieses Wundertagebuch klebst du ab sofort alle Bilder ein, die gut für dich sind: von den schönsten Plät-

zen der Erde, die du gern besuchen möchtest, von der Wohnungseinrichtung, die du dir wünschst, von dem Auto, dem Hubschrauber, von den Klamotten, dem Job deiner Träume, von deinen Zielen, Wünschen, Sehnsüchten ... einfach von allem, wozu du sagen würdest: »Das ist gut für mich!« Sei verspielt und großzügig zu dir.
Du kannst Bilder aus Illustrierten, Magazinen und aus dem Internet verwenden, kreiere ganze Collagen, die das zum Ausdruck bringen, was du erreichen möchtest. Einen schlanken Körper, einen sportlichen Erfolg, neue Kunden und Klienten oder Seminarteilnehmer. Ich kann dir sagen: Es wird wahr! Spiele, und träume von einer Zukunft, die dich fröhlich sein lässt!

Die Meistermatrix – eine Quelle der Ganzheit

Es ist ein unbeschreibliches Gefühl und ein Erlebnis von Vollkommenheit und Ganzheit. Ich laufe durch die Dünen, heller Sand und fest gefrorener Schnee, die Gräser, die sich sacht im Wind bewegen, blauer Himmel, an dem keine Wolke zu sehen ist. Vollkommene Stille, die nur vom Knirschen des Schnees unter meinen Füßen durchbrochen wird. Weit und breit kein Mensch und kein Haus zu sehen, kein Auto zu hören, keine Flugzeuge. In der Ferne Hundebellen. Mich durchflutet ein Gefühl von Ganzheit und Vollkommenheit. Heute Morgen, als ich mich auf den Weg gemacht habe, hatte ich Zweifel. War es richtig gewesen, das iPhone zu Hause zu lassen und so ganz ohne Navigation in diese unbekannte Landschaft aufzubrechen? Mein Plan war es gewesen, 140 km ohne technische Navigationshilfe zurückzulegen. War es richtig gewesen, keine Nahrung mit auf den Weg zu nehmen? Diese Etappe ist erst eine der kleinen von nur 19 km. Doch ich spüre nun die Kraft der Sonne, die mich nährt, spüre, dass mein Körper dadurch stärker wird, ich mehr Zuversicht und mehr Kraft gewinne und beginne aufzublühen. Mein

Körper versteht, was eine Ganzheit bedeutet, die ohne jegliches Hilfsmittel auskommt. Sie ist auch nicht abhängig von der Sonne, denn ich habe bereits ein paar Tage hinter mich gebracht, und nicht jeder erstrahlte im Glanz der gemütserwärmenden Wintersonne. Gerade dass ich keinerlei moderne Technologie bei mir habe und keinen Zugriff auf Internet und meinen E-Mail-Account, beschert mir diesen bedeutsamen Moment, der sich in seiner Einfachheit so ganz und vollkommen anfühlt. Ich bin ganz in der ursprünglichen Identität, dem Einssein mit mir selbst. Dieses Empfinden ist es, was viele Menschen in unserer stressgeladenen Welt wiederfinden müssen. Aus diesem Einssein werden sie erkennen, dass echte Verbundenheit aus einer anderen Quelle als aus den Social Media kommt. Ich liebe die moderne Kommunikation, und ohne Apps würde vieles langsamer sein. Aber erst echte Verbundenheit mit dem höchsten Bewusstsein macht das Leben grandios. Wenn das immer wieder an die erste Stelle zurückfindet, dann kannst du weiterhin mit Facebook, Twitter und Co. spielen und sie als willkommene Abwechslung gebrauchen. Doch sobald du auch nur die kleinste Abhängigkeit davon verspürst, solltest du die Reißleine ziehen und wieder in deine Ganzheit,

deine natürliche Vollkommenheit zurückfinden. Doch was bedeutet das?
Im Laufe der letzten Jahre und der spirituellen Arbeit, der Weiterentwicklung verschiedener bewusstseinserweiternder Methoden und der vielen Projekte meiner Lichtarbeit und all der daraus resultierenden spirituellen Erkenntnisse gelangte ich in mein persönliches höchstes Bewusstsein. Ich nannte es zu einem Zeitpunkt die Meister der 12. Dimension, weil es mir so von meiner inneren Stimme zugeflüstert wurde. Daraus entwickelte sich das Bewusstsein von der kristallinen Matrix. Was hat das mit der Umsetzung deiner Lebensziele zu tun? Von diesem Weg, den ich 2008 kreiert habe, fühlen sich bereits viele tausend Menschen berührt und tun es mir gleich. Ich empfange jeden Tag unzählige Mails mit Geschichten, Erzählungen und wie Wunder klingenden Ereignissen, es ist wunderschön, das zu lesen. Im Laufe der Zusammenarbeit mit den Meistern der 12. Dimension bildete sich schnell ein Gerüst von Meisterqualitäten heraus, mit denen ich dich bereits vertraut gemacht habe. Diese Meistermatrix ist der begreifbare Ausdruck deines höchsten Bewusstseins. Zu ihr kann auch dein Verstand Ja sagen. Diese

Qualitäten sind Ausdrucksformen der absoluten Ganzheit. Hast du all diese Qualitäten entwickelt, bist du selbst ein Ebenbild deines höchsten Bewusstseins geworden. Du lebst dann alle göttlichen Attribute, die ein Mensch im Alltag entwickeln kann. Wie stellst du nun fest, ob du bereits 100 Prozent aller Meisterqualitäten entwickelt hast? Es gibt kein absolutes Maß. Nur dein eigenes Empfinden von Glückseligkeit kann dir zeigen, woran du noch arbeiten musst. Das kann wirklich niemand anderes als du selbst beurteilen. Ich werde dich also in diesem Buch dazu inspirieren und dir Möglichkeiten aufzeigen, diese Meistermatrix zu vollenden.
Ich gebe dir an dieser Stelle ein Versprechen: Wenn du als Person, als Identität, und wir als gesamte Menschheit das Bewusstsein dieser Meistermatrix vollkommen in unser Leben integriert haben, werden wir genau in dem Zustand angekommen sein, nach dem wir uns sehnen. Ich nenne ihn den Superflow.
Sehen wir uns einmal die 12 Meisterqualitäten im Einzelnen an, die gleichbedeutend mit der vollkommenen Entwicklung deines höchsten Bewusstseins und all deiner Potenziale sind. Es sind die Potenziale eines auf Erden inkarnierten Engels.

Der Flügelschlag in der Stille – Botschafter von Frieden und Vertrauen

Ich wurde eben an ein Erlebnis erinnert, das ich als einen der Schlüsselmomente in meinem Leben bezeichnen würde. Als ich vor vielen Jahren einen Sommer in Nordgriechenland verbrachte, bin ich an einem Tag sehr früh morgens aufgestanden, um ganz allein nach draußen in die Natur zu gehen. Diese undurchdringbare Stille der Berge und die friedliche Weite an der nördlichen Grenze zu Bulgarien waren etwas, was ich ganz für mich allein genießen wollte. Es war noch dunkel, meine Tochter Zelina schlief selig – was für einen herzerwärmenden Anblick sie so tief in ihrer Welt des Träumens bot. Ich gab ihr noch einen Kuss auf die Stirn und machte mich dankbar auf den Weg hinaus aus dem Dorf und in die nahe gelegenen Felder. Ich entdeckte einen schmalen Pfad, dem ich situationsverliebt an einen großen, alleinstehenden Baum folgte. Dieser Moment hatte eine solche Magie, dass ich mich an diesem Baum niederlassen wollte. Einfach nur dasitzen, das war in dem Moment mein größter Wunsch. Ich genoss mit allen Sinnen die friedliche Stille und die Energie der am Horizont feuerrot

aufgehenden Sonne. Ich war damals schon dreißig, und doch war dies der erste Moment, in dem ich wahrnahm, wie still es sein kann. Der Flügelschlag eines Vogels, der in etwa fünfzig Metern Entfernung vorbeiflog, war laut genug, um die mich umgebende Stille zu durchbrechen. Ich höre ihn noch immer in meiner Erinnerung, wenn ich mich in diesen Augenblick zurückversetze. Was für ein Wunder! Wir sind in unserer Welt ständig so vielen Geräuschen ausgesetzt, dass solch ein Erlebnis sich in einen magischen Augenblick verwandeln kann. Doch um solche Momente wahrzunehmen, müssen wir das Bewusstsein dafür entwickelt haben.
Genau einen solchen Moment erlebte ich auch heute, an diesem kalten Februartag, in den holländischen Dünen wieder. Ich machte eine kurze Pause, um den Frieden um mich herum aufzusaugen, und dabei nahm ich den Flügelschlag zweier Vögel wahr, die doch in relativ weiter Entfernung vorbeiflogen. Genau dieser Frieden ist es, den du in dir, um dich herum, in deinem Alltagsleben benötigst, um Höchstleistungen erbringen zu können und somit deine Lebensziele umzusetzen.

Frieden führt dich zu deinen Wünschen und lässt dich erkennen, was dich bewegt und was dir Kraft gibt.

Dem Ganzsein folgen Wohlstand und Überfluss automatisch

Die 12 mehr oder weniger brachliegenden Fähigkeiten sind Attribute des Göttlichen im Menschen. Auch das Erleben von Wohlstand und Überfluss gehört zum Ganzsein. Es gibt unzählige Theorien, Ansätze und Methoden, mit deren Hilfe man diesen Zustand von Wohlstand und Überfluss erreichen soll. Doch wenn du selbst die Quelle von Wohlstand bist, wirst du erleben, dass dieses Lebensthema an Priorität verliert. Aus der Perspektive des Ganzseins benötigst du gar keinen Wohlstand mehr. Wenn dein Leben sowieso voller Überfluss ist, dann musst du dir nicht mehr die Frage stellen, wie du Wohlstand erreichen kannst, dann erlebst du ihn. Es klingt vielleicht grotesk, doch ich war die letzten fünfzehn oder zwanzig Jahre damit beschäftigt, Wohlstand zu kreieren, bin von einem zum nächsten Seminar gelaufen, habe mir die Gesetzmäßigkeiten von Anziehung und Resonanz und all die spirituellen Lehren angesehen, die davon berichten – und jetzt, da angekommen, bin ich fast schon ein wenig enttäuscht, wie einfach es mit diesem Überfluss ist.

Am Morgen bevor ich aufbrach bekam ich noch eine Nachricht aus meinem Büro, ich könne alles ohne Bedenken hinter mir lassen, bereits in wenigen Stunden hatte ich den Monatslohn eines Durchschnittsverdieners durch Bestellungen und Seminaranmeldungen im Webshop generiert. Ich konnte nun hier in den Dünen wandern und es zu einem der schönsten Erlebnisse meines Lebens werden lassen. Wieder einmal wird mir bewusst, wie wenig Geld und materieller Überfluss bedeuten, wenn ich es damit vergleiche, welches Glücksgefühl sich hier in mir breitmacht. Denn in diesem einzigartigen Gefühl des Überfließens, das ich in diesem Augenblick empfinde, kann ich mit dem Geld gar nichts anfangen. Es gibt nichts, was ich kaufen könnte. Ich habe eine vollkommene Verbindung zu Mutter Erde und der Natur. Ich fühle, dass mein Körper dazu in der Lage ist, den Weg, der heute vor mir liegt, zu bewältigen. Ich bin genährt vom Licht der Sonne und fühle, dass mir die Kraft, die sich durch das Umsetzen dieses Lebenszieles in mir entwickelt, viel mehr gibt als das materielle Ergebnis meines Wirkens. Eines ist sicher: Überfluss kannst du nicht »erschaffen«. Du kannst dir vollkommene Momente erschaffen, und dadurch bringst du dich in Resonanz mit Dingen, die dann automatisch auf dich zuströmen, ob es Geld ist,

Gesundheit, liebevolle Menschen oder wundervolle Erlebnisse. Das alles kommt wie von allein, wenn du ganz bist, aber diese Dinge werden dich niemals ganz sein lassen. Am Anfang steht das Ganzsein, ihm folgt alles andere automatisch. Ich liebe den Luxus, und ich lege sehr viel Wert auf Qualität. Ich ernähre mich hochwertig, und das kostet alles Geld, ja, viel Geld. Geld ist also als Zahlungsmittel, als eine Form von Energie, notwendig, doch es ist nichts, was dich ganz sein lässt.* Der Überfluss, um den es geht und den du bisher vielleicht in kleinen Momenten deines Lebens erfahren hast, wenn du das Gefühl von Glückseligkeit erlebt hast, davon, nichts zu brauchen, alles zu haben, was gerade notwendig und wichtig ist, das Gefühl von Vollkommenheit und das Wissen, dass für alles gesorgt ist, frei von dem Zweifel, dass du deine Rechnungen, deine Miete bezahlen kannst, ist dieser Zustand eines unendlichen Überflusses, und er ist ein Teil der neuen Bewusstheit. Gut, es gibt in diesem Zustand keine Sicherheit – doch erinnere dich daran, dass die Pole sich immer mehr

* In diesem kleinen Büchlein kann ich dir nur ein paar Tipps zu diesem umfassenden Thema geben. Doch wenn du vollkommen in diese Gesetzmäßigkeiten und die »Energie des Geldes« eintauchen möchtest, empfehle ich dir den gleichnamigen 3-monatigen Fernkurs. Mehr Informationen dazu findest du auf meiner Website www.behealed.de

auflösen, es existiert also auch die Unsicherheit nicht mehr. Und wenn sich diese beiden Pole, diese Dualität aufhebt, dann erlebst du Frieden. Das sind wahrer Wohlstand und wahrer Überfluss, die aus einer ganz anderen Quelle des Erlebens stammen: der Sonne, dem Leben, dem blauen Himmel, dem Meer, der Natur, dem Nichts, dem Einssein mit dir selbst.

Alleinsein verbindet

Einssein ist eine der widersprüchlichsten Qualitäten. Denn je mehr du in dieser Vollkommenheit, dem Einssein, dem Ganzsein bist, je mehr du also allein bist, so wie ich hier nun nur mit mir, der Natur und dem kleinen digitalen Diktiergerät bin, desto mehr lässt dich das Alleinsein, das All-eins-Sein, in dem du allein und doch mit allem eins bist, auf eine unbeschreibliche Art und Weise die Verbundenheit mit allem fühlen. Ich konnte diese Verbundenheit aber erst dadurch erreichen, dass ich mir die Gelegenheit gab, allein zu sein. In dem Moment, in dem du nicht mehr von Menschen abhängig bist, die dich lieben, von Menschen, die dir Wertschätzung und Aufmerksamkeit geben, sondern weißt, dass die Ganzheit, das Einssein nur durch das Alleinsein und die völlige Unabhängigkeit von allem im Außen erreicht werden kann, ist deine Ganzheit eine natürliche Ganzheit, die nicht dadurch entsteht, dass du das, was du glaubst, selbst nicht zu haben, von außen ersetzt. Sonst zwingst du etwas Fremdes dazu, sich dir anzupassen. Immer wenn du versuchst, deine Ganzheit dadurch herzustellen, dass du dein Sein mit etwas auffüllst, dessen Ursprung du nicht selbst bist, lebst du in einer Illusion.

Als dein Vater und deine Mutter dir das Leben schenkten, in diesem einzigartigen Augenblick der Verschmelzung von Männlich und Weiblich, zum Zeitpunkt der Empfängnis, diesem Wunder, das in dem Moment geschieht, in dem eine Eizelle befruchtet wird, warst du vollkommen ganz. Stelle dir das bitte einmal bildlich vor: Du warst ganz. Mann und Frau haben sich vereinigt und etwas Ganzes erschaffen.

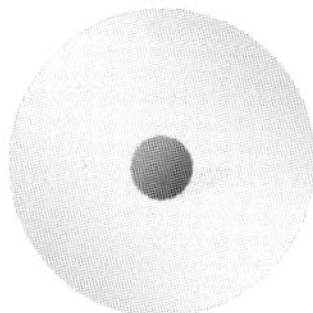

Dein Zellbewusstsein wurde zu diesem Zeitpunkt der Verschmelzung an die Urmatrix des universellen Prinzips vom Leben auf der Erde angeschlossen, und es war alles im Überfluss vorhanden. Diese erste, ganze Zelle, dieses erste, ganze Bewusstsein, diese Vollkommenheit ist in dir vorhanden, du hast sie erlebt. Wenn dir klar wäre, wie intelligent dieses System ist und mit welcher Kraft die meisten Menschen es unterdrücken, weil wir seine Existenz nicht beweisen können, dann würdest du die Hände über dem Kopf zusammenschlagen und sagen: Was bin ich doch töricht gewesen!

Als 1987 die meisten Menschen damit begannen, sich zu erinnern und sich auf den spirituellen Weg der Erkenntnis und des Erwachens zu begeben, wurde ein vollkommen neuer Raum für spirituelle Entwicklung in der Gesellschaft geschaffen. Dies führte dazu, dass wir viele neue Glaubenssysteme entwickelt haben, die auf einem hohen Bewusstseinsniveau angesiedelt sind und Millionen von Menschen Hoffnung geben. Diese Zeit der wunderbaren Entdeckungen, die den Glauben an Engel und aufgestiegene Meister gesellschaftsfähig gemacht haben, hat aber auch zu etwas geführt, was vielen von uns noch nicht klar ist: Wir haben das Leben immer mehr im Himmel gesucht. Wir haben das Abenteuer von außerkörperlichen Erfahrungen genossen und uns an diesen Ort des Zu-Hause-Seins in der Liebe des Göttlichen gesehnt, das wir jedoch niemals dauerhaft in unserem Alltag erlebt haben. Natürlich sind wir Menschen so intelligent, dass wir uns dann neue Methoden erschaffen haben, die Kraft des göttlichen Bewusstseins aus dem Himmel zu holen. Wir haben Möglichkeiten entdeckt, uns mit der großen Kraft anderer Dimensionen zu verbinden. Es war beinahe so, als ob sich viele neue Religionen gegründet hätten, denen Menschen bereitwillig gefolgt sind. Doch was geschah da? Wir haben das Ganzsein wieder nicht aus uns selbst erlebt, sondern es uns wieder von außen geholt. Wir wollten einen Teil von außen ersetzen, weil wir ihn nicht in uns selbst gefunden haben. Wenn du dir das wie eine Torte vorstellst, von der ein Stück fehlt, erhältst du dieses Bild:

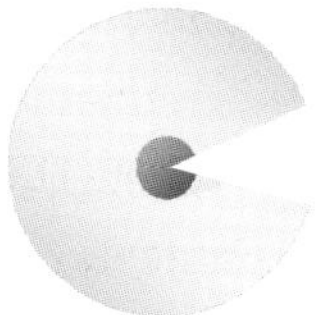

Stelle dir also vor, du bist ein leckerer Käsekuchen. Dein Partner, finanzieller Reichtum, vom Ego gesteuerte Ziele, die Engel, deine Meditation oder was du ausgewählt hast, um dich ganz, glücklich und vollkommen zu fühlen, ist aber eine Schokoladentorte. Und obwohl beides leckere Torten sind, macht das Stück Schokoladentorte den Käsekuchen nicht ganz. Auf den ersten Blick sieht es so aus, doch es kann niemals funktionieren.

Du kannst niemals vollkommen sein, wenn du deine Vollkommenheit in deinem Partner suchst, wenn du

dein Glück in deiner Familie suchst oder wenn du der Illusion verfallen bist, dass irgendein Engel dich berührt, und du dich dadurch zu Hause fühlst.
Dieser Engel erinnert dich nur daran, dass es etwas gibt, was erfüllt werden möchte. Auch das Einzige, was eine Zahlenmatrix dir geben kann, ist das Bewusstsein des Ganzseins. Doch woher kommt dieses Gefühl? Aus der Zahl? Nein. Aus der 12. Dimension? Nein. Es kommt – ja, aus dir selbst! Genaugenommen bist du dieser Engel, bist du das höchste Bewusstsein, ist das, was du in deinem Partner siehst, was dir an ihm so gut gefällt und wovon du glaubst, dass es dich ganz macht, nur eine Spiegelung deiner selbst.

Nur ein Teil von dir selbst kann dich ganz machen.

Paal Zes

Anscheinend möchte ich mich auf dieser Reise selbst noch einmal auf die Probe stellen, ob ich wirklich meinem Herzen folge. Ich hatte Hunger, und so sah ich mich um. In der Ferne lag ein kleines Dorf, und als ich mich näherte, glaubte ich, eine typische holländische Snackbar zu erkennen. Innerlich ging ich schon die Speisekarte durch, denn die Auswahl ist immer die gleiche: belegte Brötchen mit Ziegenkäse und Honig, Lachs oder Käse, Kroketten und Apfelkuchen, meist auch noch Pfannkuchen mit Speck und süßem Sirup. Ich versuchte also, den Weg dorthin zu finden, und kam an eine Wegkreuzung. Ich musste von meinem eigentlichen Weg längs des Meeres abweichen, um zu dem Ort zu gelangen. Mein Gefühl sagte mir zwar, ich sollte nach rechts, weiter entlang der Küste laufen. Doch ich ließ mich in diesem Moment von meinem Hunger ablenken und wählte den Weg nach links, der mich direkt dorthin führen musste, wo es etwas zu essen gab. Meine Logik, die natürlich davon ausging, dass im Winter alle Strandpavillons geschlossen sind, führte mich. Doch ich lag falsch, denn kaum an der kleinen Landstraße angekommen, bestätigte sich, dass es zwei

Lunch-Cafés waren, wie ich richtigerweise vermutet hatte, doch beide waren geschlossen. Ich drehte also enttäuscht wieder um, um zurück auf meine ursprünglich geplante Route zu kommen, und sah dann erst das Hinweisschild: »Paal Zes – Strandpavilloen zaterdag en zondag open« (»Strandpavillon samstags und sonntags geöffnet«). Ich ging also einen Kilometer zurück bis zur Kreuzung, an der ich den Weg meines Herzens verlassen hatte, und folgte dann dem ursprünglichen Weg. Nach kurzer Zeit lag der Pavillon dann, recht unwirklich wie eine Fata Morgana, vor mir. Was für ein besonderer Augenblick, wenn der Körper ausgehungert und durchgefroren ist, endlich an einem gemütlichen warmen Feuer zu sitzen, hinaus auf das offene Meer zu sehen und wieder zu Kräften zu kommen. Was für ein Überfluss! Und was für eine wunderbare Metapher für das, was die meisten Menschen tun: Wir verlassen den Weg unseres Herzens. Nicht, dass es mir geschadet hätte, zwei Kilometer mehr zu laufen, doch warum einen Umweg gehen, um hinterher zu erkennen, dass ich, wenn ich meinem Herzen gefolgt wäre, schneller und leichter an mein Ziel gekommen wäre?

Göttliche Weisheit für die Speisekarte

Göttliche Weisheit kann etwas ganz Alltägliches sein – und sollte es sein. Denn bei allen Möglichkeiten, die dir in deinem Leben angeboten werden, gibt es immer eine Entscheidung, die am weisesten ist, die für dich beste Möglichkeit also. Nicht immer entspricht die Auswahl der gerade angebotenen Möglichkeiten dem, was du willst, und dann befindest du dich quasi auf fremdem Terrain und musst dich auf diesem zurechtfinden. Und so saß ich da vor der Speisekarte, und natürlich ist das Angebot eines touristisch orientierten niederländischen Strandpavillons nicht deckungsgleich mit meiner eigenen Vorstellung von Ernährung. Doch blieb mir in diesem Moment nichts anderes übrig, als etwas aus dem Angebotenen zu nehmen. Unter normalen Umständen ziehe ich dann vor, wieder zu gehen und die nächste Gelegenheit abzuwarten. Doch angesichts der Tatsache, dass ich dann 20 km ohne Nahrung hätte laufen müssen, wählte ich weise aus dem Essen, das es da gab. Meine Körperintelligenz war also gefordert und musste mir zeigen, was jetzt das war, was mir am meisten diente. Ich genoss den Burger aus Rindfleisch und einem Ciabattabrötchen sehr. Und selbst die frittierten Kartoffelstäbchen schmeckten anders, sie schmeckten dieses Mal richtig. Und unter dem Speiseangebot war genau dies die beste Wahl für mich gewesen. Ich ernährte mich viele Jahre lang vegetarisch und einige davon sogar vegan, ich habe Lichtnahrung praktiziert – doch mit wachsendem Bewusstsein ließ ich mich von meiner Körperintelligenz korrigieren, denn mir wurde bewusst, dass ein Körper, der erleuchtet werden will, genauso flexibel sein muss wie ein erleuchteter Geist. Deswegen würde ich mich heute am zutreffendsten als Flexiganer oder Flexitarier bezeichnen. Und ich bin mir ganz sicher, dass die Quelle der höheren Weisheit, mit der wir alle verbunden sind, auch und gerade für die praktischen Fragen des Alltags eine Antwort bereithält, wenn wir nur eine Beziehung zu ihr herstellen. So war heute der Rindfleischburger das Richtige, und morgen früh wird es dann wieder der Super-Food-Smoothie sein. Denn natürlich habe ich in meinem Rucksack einen Blender, meine bevorzugte Super-Food-Mischung und eine Tüte frischen Grünkohl. Daraus werde ich mir dann wieder etwas zaubern können, was meine Zellen zum Leuchten bringt.* Sich also immer angeschlos-

* Vgl. das Buch von mir und Jenny Bor *Zellleuchten – Warum Gott kein Fast Food isst.*

sen zu wissen an diese Quelle der göttliche Weisheit ist eines größten Geschenke der neuen Bewusstheit, und sie weicht auch manchmal vom Wissen unseres Verstandes und von unseren Gewohnheiten ab, das zeigt dieses Beispiel deutlich. Es zeigt auch, dass wir in der Entwicklung in das Bewusstsein der 12er-Matrix aufgefordert sind, einen superflexiblen Geist zu entwickeln, denn nur dadurch, dass wir all die konditionierten Muster und das Wissen, das wir uns im Laufe unseres Lebens angesammelt haben und das uns zu dem gemacht hat, was wir heute sind, völlig loslassen, sind wir in der Lage, der höchsten Intelligenz zu folgen. Deine neue Identität, die du nun gewählt hast, hat nämlich nichts mehr mit deiner alten Identität gemein. Du kannst diese Fähigkeit der Weisheit jetzt entwickeln, sodass du jedes der Lebensziele, die aus dem Sehnen deines Herzens emporkommen, auch tatsächlich erreichen kannst. Dafür musst du lernen, die Eigenschaften der Flexibilität und der Anpassungsfähigkeit zu meistern, denn sie sind wesentliche Aspekte der Meisterqualität göttliche Weisheit.

Dein Körper weiß alles über Heilung

Mein Weg führt mich mittlerweile oberhalb einer kleinen Landstraße entlang. In der Ferne taucht ein Straßenschild auf: »Alkmaar 34 km«, lese ich darauf. Oh je, das steht mir für morgen noch bevor. Ich fühle bereits Schmerzen in den Zehen. Das Einlaufen der neuen Trekkingschuhe hat anscheinend nichts gebracht, denn als ich zu Hause unter normalen Umständen damit unterwegs war, fühlten sie sich ziemlich bequem an. Waren es die Temperaturen oder meine Unerfahrenheit als Ultraläufer? Es gehört wohl doch etwas Training dazu, solche Distanzen zu laufen. Ich hatte mir gedacht, wenn ich 8 bis 10 km jogge, kann ich auch 20 bis 25 km pro Tag wandern. Aber ich habe bei meinen »Berechnungen« wohl vergessen, dass ich auch noch 12 kg Gepäck auf dem Rücken trage – wie dumm von mir. Der Gedanke, dass ich in sechs Tagen wieder zu Hause angekommen sein werde, egal wie, nimmt ein wenig den Druck von mir. Ich habe mir dieses Ziel gesetzt, und ich bin gespannt, was mich mein Leben lehrt und wie es mich bei der Umsetzung unterstützt. Heilung, Regeneration, Verjüngung und die Selbstheilungskräfte des Körpers haben eine wesentliche Bedeutung, auf diesem Weg und in der Meistermatrix. Dir steht Heilung aus der Tiefe des Körpers zur Verfügung, und wenn du auf deinen Körper hörst, kannst du immer wieder zu Kräften kommen. Ich werde später noch auf die kristalline Zahlenmatrix eingehen. Das ist eine Heilformel, die auch dein Verstand akzeptieren wird. Dank ihr steht dir die gesamte Meistermatrix für die Höchstleistungen zur Verfügung, um deine Lebensziele umzusetzen. Und sollte für dich die Heilung eine Rolle spielen, wirst du dieses Instrument auch dafür nutzen können. Die Zahlenreihe für Heilung lautet 0 1 6 3 7 3 1 8 4 9 0 1. Genau diese Formel wende ich jetzt an, um die Erholung meines Körpers zu unterstützen und die Stabilität wiederherzustellen. Den Energieschub, den mir die Zahlenmatrix in diesem Moment verschafft, nutze ich gleich für einen kleinen Umweg. Ich sehe rechts oben auf dem Rücken der Düne einen Leuchtturm. Ich sprinte also mal eben die achtzig bis hundert Stufen einer Treppe hinauf, um zu sehen, was mich dort oben erwartet. Ich vertraue auf die Kraft meines Körpers, der mir in diesem Moment ein klares Ja gibt und mich dazu anspornt, diesem Gefühl zu folgen. Wow, was für ein fantastischer Ausblick über den »Kop van Holland« und die Nordsee, die von der schon tief stehenden Sonne glitzert. Was wäre mir entgangen! Dieser Anblick löst wirklich Heilung in mir aus. Mit dem Aussprechen der Zahlenmatrix habe ich mein höchstes Bewusstsein um Heilung gebeten. Kurz darauf führt es mich zu diesem Naturschauspiel. Das ist echte Heilung, Heilung aus Dankbarkeit, die aus der Schönheit dieses Anblicks mein Herz durchströmt. Das ist Verjüngung und Regeneration durch dieses Glücksgefühl, zu dem ich durch meine Fokussierung auf die Zahlenmatrix geleitet worden bin. Dein höchstes Bewusstsein kennt immer die Quelle für Heilung, auch wenn die allem entgegensteht, was dein Verstand dir sagt.

Re-Connection: Das Lagerhaus der Potenziale

Ich bin nun eine geraume Zeit gelaufen, ohne dass mir etwas eingefallen ist. Deswegen bat ich mein höchstes Bewusstsein darum, mir einen Hinweis darauf zu geben, welche die nächste Meisterqualität ist, über die ich schreiben sollte. Kurze Zeit später bin ich zweimal hintereinander beinahe auf einen toten Hasen getreten, der durch die Kälte gut konserviert am Wegesrand lag. Joey Kelly hätte seine Freude daran gehabt und sich ein Festmahl bereitet. Zwei tote Hasen – Tod? Was hat das zu bedeuten? Jetzt ist es mir klar. Ich werde über die Akasha und frühere Leben sprechen. Die Meisterqualität, um die es nun geht, ist die Aktivierung des Akasha-Potenzials. Zu Beginn des Buches habe ich davon gesprochen, wie wichtig es ist, aus dem Karmabewusstsein herauszutreten. Das hast du getan, oder? Somit kannst du auch all die alten Erinnerungen loslassen, die dich immer davon abgelenkt haben, deine wahre Größe zu entfalten, und dich in einem Gefängnis hielten. Die Erinnerungen an all die Potenziale jedoch, die du in deinen letzten Hunderten oder vielleicht sogar Tausenden Leben zur Vollendung gebracht hast, kannst du dir jetzt mit deinem wachsenden Bewusstsein zunutze machen. Lasse es Hunderte, Tausende oder Zehntausende Leben gewesen sein. Stelle dir die riesige Anzahl von Leben vor, die du hattest. Sie enthalten in ihrer Summe so viele Potenziale, dass du die freie Wahl hast. Auch wenn du in jedem dieser Leben nur eine einzige Sache ganz besonders gut gemacht hast – 300, 2000 oder 8000 Mal etwas ganz besonders gut gemacht zu haben ist in der Summe gewaltig! Vielleicht warst du in einem Leben eine ganz besonders liebevolle Mutter, in einem anderen ein erfolgreicher Geschäftsmann, in einem anderen wiederum hattest du genau den muskulösen, schlanken, vitalen und sportlichen Körper, nach dem du dich jetzt vielleicht sehnst. Ein anderes Leben war wiederum bestimmt von deiner Fertigkeit als Handwerker oder deinem Talent als Schriftsteller, als Maler, oder du hast deine Kreativität auf eine andere besondere Weise zur Vollendung gebracht und dein Talent mit größtem Erfolg ausgeübt. Es gab mit Sicherheit auch ein paar Leben, in denen dein Körper vollkommen gesund war. Du hast das alles bereits erreicht, wonach du dich jetzt möglicherweise sehnst. Diese Informationen des Heilseins und des Erfolges sind alle in deiner DNS abgespeichert. Gerade einmal die Funktion von vier Prozent der DNS kann die Wissenschaft erklären! Diese Qualitäten der Meistermatrix freizusetzen, gleicht einem Wunder und ist das Kernstück, wenn es darum geht, deine Lebensziele umzusetzen. Dein Bewusstsein kann sich an alle Informationen wieder erinnern, und du öffnest dich für Möglichkeiten, die in deinem bisherigen Leben vielleicht brachlagen, weil du keine Idee davon hattest, wie einfach du auf das, was in deinem Herzen liegt, zurückgreifen kannst. Stelle es dir vor wie ein Lagerhaus, in das du hineingehen kannst und in dem all das vorhanden ist, was du benötigst, um ein bestimmtes Talent zu entwickeln. Du musst es da nur herausholen. Nur ein kleiner Teil dieses Lagerhauses namens DNS ist wissenschaftlich verstanden, etwa vier Prozent. Was ist also mit den restlichen 96 Prozent? Die Wissenschaft, die sich momentan noch ausschließlich auf das Stoffliche konzentriert, wird sie erst dann entdecken, wenn sie sich dafür öffnet, dass es einen feinstofflichen Anteil gibt. Darin befindet sich all das Nichtkörperliche, das Nichterklärbare und Nichtmaterielle. Dein Bewusstsein kann jedoch auf alle diese nichtmateriellen, feinstofflichen Informationen zurückgreifen, sie wahrnehmen. Du lässt dein höchstes Bewusstsein in dieses

Lagerhaus hineingehen und alles herausholen, was du brauchst. Du hast dauerhaften Zugang dazu. Also, worauf wartest du noch? Gehe jetzt in dieser neuen Bewusstheit dorthin, und greife auf alles zu, was du für das Umsetzen deiner Lebensziele brauchst! Du musst die Fähigkeit nur nach oben holen, dazu brauchst du nicht einmal tief zu graben und auch überhaupt nicht zu wissen, was genau dazu geführt hat, dass du ein Talent hattest. Woher diese Fertigkeit kam, wie du sie erlangt hast, ist ganz unwichtig. Es geht allein darum, in deinem Herzen eine Sehnsucht zu spüren und diese als Anzeiger dafür wahrzunehmen, dass es sich um etwas Ureigenes, Altes von dir selbst handelt. Wenn du das als reines Gefühl und mit völliger Sicherheit wahrnimmst, dann kannst du dir ganz sicher sein, dass die Fähigkeit dazu bereits da ist. Denn was sich für dich vollendet anfühlt, wovon du dich angezogen fühlst wie von einem Magneten, von einem Zuhause, ist etwas, was zu dir gehört und aus dir herauskommen möchte. Damit kannst du jetzt wieder in Verbindung treten. Die Entwicklung der Qualitäten der 12er-Matrix ist ein Wiederfinden dieser Potenziale in deiner DNS. Es wird auch eine Art von Neuordnung hergestellt, die hilft, diese

Fähigkeiten in deinem momentanen Leben wieder auszuleben, wenn sie dich glücklich machen. Öffne dein Herz, erkenne, dass die Liebe in deinem Herzen das einzige mögliche Instrument ist, um dich wiederzufinden, zu spüren und wahrzunehmen.
Wenn du dich selbst genug liebst, findest du diese Schatzkiste in dir. Nur wenn du deinem Herzen folgst und mit offenem Herzen durch dein Leben gehst, kannst du diesen Schatz erkunden, dann überreichst du dir eigenhändig den Schlüssel, mit dem du die Türen zu den Lagerhallen öffnen kannst. Dann kannst du Höchstleistungen vollbringen und über dich selbst hinauswachsen oder, besser gesagt, in dein wahres Wesen hineinwachsen.

Geschichten, die das Leben schrieb

Als ich Ende 2009 Jenny kennenlernte, hat es in meinem Herzen vor Glück gefunkt. Ich wusste, dass diese Begegnung mein Leben (mal wieder) auf den Kopf stellen würde, und ich bin diesem vertrauten Gefühl, das ich bei ihr sofort wahrnahm, gefolgt. Wir hatten es beide. Zwar war es nicht so einfach, miteinander zu kommunizieren, denn sie sprach beinahe kein Deutsch, ich hatte noch nie zuvor die holländische Sprache gehört – ich kannte bloß den sympathischen Akzent von Rudi Carrell und Linda de Mol aus dem deutschen Fernsehen. Wir hatten also nur unser gebrochenes Englisch – nicht die beste Basis, doch in diesem Moment war es unsere einzige Möglichkeit. Das sollte sich schnell ändern. Als ich ein paar Wochen nach unserer ersten Begegnung auf dem Weg nach Holland war, zu unserem ersten Date, schlug es wie ein Blitz in mich ein: dieses Gefühl der absoluten Vertrautheit mit diesem Land. Ich nahm ein Gefühl des Zu-Hause-Ankommens so intensiv wie beinahe noch nie zuvor wahr. Dabei kannte ich weder das Land noch die Menschen. Ein paar Monate später und nach vielen Reisen in die

Nähe von Amsterdam stand für mich die Überlegung an, vom Bodensee an die Nordsee zu ziehen. Warum nicht? Ich hatte nie geglaubt, dass es einen Ort geben könnte, dessen Schönheit die der Insel Reichenau übertrifft. Doch weil ich genau dieses Gefühl hatte, war ich sofort bereit zu diesem Schritt. Die ersten Wochen waren abenteuerlich. Da saß ich nun in einem fremden Land. Bei Freunden und Familie von Jenny brummte mir meist nach einer Stunde der Kopf von dieser merkwürdigen fremden Sprache, die für mich wie ein Mix aus komischem Deutsch, Schweizerdeutsch und anderen Lauten bestand, und doch fühlte es sich richtig an, hier zu sein. Es war also höchste Zeit, endlich die Sprache zu lernen. Ich bekam von einer Deutschen, die ich traf, einen guten Tipp: Die Universitäten boten über die Sommermonate Intensivkurse für ausländische Studenten an. Ich schrieb mich ein und hatte den schönsten Sommer meines Lebens, vormittags mit den angehenden Studenten in der Uni und nachmittags am Strand. Viele hatten Mühe mit den Vokabeln, ich auch. Wie sollte das gehen, in fünf Wochen vier Sprachniveaus aufzuarbeiten? Das versprach hartes Büffeln und stundenlanges Vokabelpauken. Doch das anstrengende Lernen erscheint mir nicht sinnvoll. Ich hatte wieder genau dasselbe Gefühl wie damals in der Schule. »Auf diese Weise wirst du das nie lernen«, dachte ich und begann, eine Strategie zu entwickeln, wie es leichter gehen könnte. Ich begann, alle meine unterbewussten Muster, die sich gegen das Erlernen der neuen Sprache wehrten, aufzuspüren und sie mit den mir bekannten Methoden aufzuarbeiten. Als ich der Dozentin davon erzählte, fand sie das spannend und bat mich, in der kommenden Woche ein kurzes Referat darüber vor der Klasse zu halten. Natürlich! Mit Freude habe ich den angehenden Psychologiestudenten in einem praktischen Kurzworkshop gezeigt, wie sie mithilfe bestimmter Methoden ihr emotional-energetisches System ausgleichen können und wie sie dadurch viel offener wurden und die Sprache schneller und leichter erlernen konnten. Gleichzeitig hatte sich auch mein Traum erfüllt, einmal an einer Universität zu lehren, sozusagen als Gastdozent aufzutreten – und das ohne Abitur. Cool, wie das Leben so spielt, oder? Doch kommen wir darauf zurück, wie ich in der Lage war, bereits nach einem Jahr einen Wortschatz und ein Sprachverständnis aufzuweisen, mit denen ich Jenny bei unseren gemeinsamen Seminaren in Deutschland übersetzen konnte. Ich hatte mich an dieses erste Gefühl des Zu-Hause-Seins hier in diesem Land erinnert. Es musste eine Vergangenheit gegeben haben, die ich hier gehabt hatte, und ich war mir sicher, es waren viele gewesen, viele Leben, die ich bereits hier verbracht hatte. Das Potenzial der Sprache musste also in mir sein, und ich müsste es nur freilassen. Gesagt, getan. Ich habe also an den Nachmittagen mehr meditiert und mich mental, emotional und feinstofflich mit der Vergangenheit verbunden, den Vokabellisten und Grammatikübungen aber viel weniger Aufmerksamkeit gewidmet als alle meine Kommilitonen. Sie stöhnten, während ich mich gemütlich am Strand räkelte und an anderen Dingen arbeitete. Der zeitliche Aufwand, den ich benötigte, um das Examen mit einer guten Zwei abzuschließen, war nur ein Bruchteil dessen, was andere gebraucht hatten, denn das Geheimnis lag in meinem Akasha-Potenzial. Ich war nie ein guter Schüler gewesen und eher faul. Doch dieses Wissen um die Meistermatrix ist eine der größten Chancen, die wir haben. Ich habe auf diese Weise bereits viele meiner Herzenswünsche auf so leichte Weise erfüllen können! Mein Akasha-Potenzial als Autor habe ich 2006 aktiviert. Ich war nie gut in Deutsch, kreatives Schreiben brachte mir immer ein eher mangelhaftes Resultat, doch zu dieser Zeit kam der Wunsch in meinem Herzen auf, den Menschen etwas mitzuteilen. Ich aktivierte dieses alte Potenzial in meiner DNS, und heute schreibe ich mein fünftes Buch. Als ich im Sommer 2008 meine Liebe zum Wasser entdeckte und es mein Herzenswunsch war, auf dem Bodensee zu segeln, erinnerte ich mich an die Leben, die ich als Fischer, als Kapitän, als Segler gehabt hatte. Das Bodenseeschifferpatent mitsamt allem erforderlichem theoretischem Wissen eignete ich mir in zwei Wochen an und bestand die Prüfung fehlerlos. Und weil ich besonders gut war und so viel Kompetenz und Freude

dabei hatte, rief mich kurze Zeit darauf der Inhaber der Segelschule an und fragte mich, ob ich den Unterricht für einen Teil der Segelschüler übernehmen könne. Natürlich habe ich dies liebend gerne getan. Tagsüber auf dem Segelboot, abends schreiben, coachen und Seminare vorbereiten. Was für ein gesegnetes Leben!

Diese Beispiele und noch viele weitere aus einem ganz konkreten Alltagsleben zeigen dir, wie wirksam es ist, dich mit diesen Potenzialen in deiner DNS wiederzuverbinden. In dieser Zeit haben wir die Chance, unser eigenes Urpotenzial zu entfalten statt Dinge zu tun, nur weil sie uns Geld bringen. Gott sei Dank, habe ich mich als 18-Jähriger bereits durchgesetzt, zu machen, was sich für mich in dem Moment am besten angefühlt hat. So schmiss ich mit achtzehn die Schule und wurde Hotelfachmann. Danach hatte ich keine Lust mehr auf die Arbeitszeiten, und ich ging in den Vertrieb von Feinkost und Delikatessen, die ich so liebte. Mit dreiundzwanzig Jahren war ich der wohl jüngste Salesmanager und leitete ein siebenköpfiges Team, das ich als Führungskraft dazu motivierte, Höchstleistungen zu bringen. Dann hatte ich den Unternehmensbereich, für den ich verantwortlich war, umzustrukturieren und machte etwas, was wohl alle um mich herum für völlig verrückt hielten: Ich rationalisierte meinen eigenen Arbeitsplatz weg, weil mein Herz die Abteilung wahrhaftig nicht für sinnvoll hielt und es dem Unternehmen langfristig keinen Gewinn versprach, was sie dort tat. Als es in dem Unternehmen aber keine Alternative für mich gab, die mich interessierte, zog ich weiter. Ich wechselte in eine Weinbrennerei, die kurze Zeit später zu einem der internationalen Top-Importeure wurde. Nach zwei Jahren war ich dort verantwortlich für den nationalen Vertrieb einer bestimmten Sparte und habe zusätzlich noch das fachspezifische Abteilungsmarketing geleitet. Ich hatte eine einflussreiche Position, eine Traumkarriere lag vor mir, doch diese unehrliche Welt interessierte mich nicht mehr. Ich fand mich kurze Zeit später in einem Mobilfunkunternehmen wieder, und danach sehnte sich mein Herz danach, in die Selbstständigkeit zu gehen. Ich wurde im August 2001 stolzer Inhaber einer eigenen Business-Travel-Agency mit einem angeschlossenen Cruisecenter. Mein Herz blühte auf, was für ein Segen! Einen Monat später wurde die Welt durch die Anschläge vom 11. September erschüttert, und die meisten Unternehmen reduzierten die Geschäftsreisen für Monate auf ein Minimum. Das bedeutete für mich persönlich den größten finanziellen Verlust meines Lebens, einige hunderttausend Euro Investition standen auf dem Spiel, und ich musste nach kurzer Zeit mein Unternehmen aufgrund von Zahlungsunfähigkeit schließen. Heute bin ich dankbar für diese Erfahrung. Niemals würde ich auf die Idee kommen, die Entscheidungen infrage zu stellen, die ich aus meinem liebenden Herzen getroffen habe. Mein Umfeld suggerierte mir natürlich immer etwas anderes,

doch ich habe früh gelernt, dass die Menschen, die dich lieben, dir nur helfen wollen, jedoch immer aufgrund ihrer eigenen Identität, ihrer Ängste, ihrer Unsicherheiten und aus dem alten Bewusstsein heraus werten. Hätte ich von Anfang an meine Entscheidungen anders getroffen, hätte ich mir vieles ersparen können. Doch ohne diese Erfahrungen könnte ich heute niemals von all diesen Möglichkeiten berichten und Menschen damit wieder in ihre Fröhlichkeit zurückführen. Ich selbst habe meinen Weg gewählt, und ich bin dankbar dafür. Ich konnte dadurch selbst lernen, all die alten Lebens- und Service-Verträge hinter mir zu lassen und aus dem Karmabewusstsein auszusteigen.
Deine Entscheidung, in die neue Bewusstheit einzutreten, wird dir die Möglichkeit geben, Höchstleistungen zu vollbringen und das Beste zu manifestieren, was du dir jemals erträumt hast, und deine Lebensziele umzusetzen.

Sei bereit, dir deine eigene Kraft wieder zurückzuholen, und finde in dein innerstes Wesen!

Entdecke, wer du wirklich bist. Mit diesem Buch liegt der Schlüssel dazu in deiner Hand.

Was ist also die Moral von der Geschicht'? Lege alles ab, was du nicht selbst bist. Weise alles zurück, was nicht wirklich der Wahl deines Herzens entspricht, und entdecke dadurch die Wiederverbindung mit der Quelle der unendlichen Möglichkeiten, deiner Lebensziele, deines Sehnens, deines idealen Lebens. Höre auf, Ziele zu verfolgen, die nicht zu dir gehören, von denen andere meinen, dass sie gut für dich wären, weil sie dich als Kind, als Partner, als Freund irgendwo haben oder sehen wollen. Damit stärken sie nur ihr Ego. Doch du kannst niemals etwas für andere manifestieren. Das kann nur jeder für sich selbst. Konzentriere dich also vollkommen auf dich selbst. Das ist nicht egoistisch, sondern ehrlich. Es eröffnet dir die Möglichkeit, wahrhaftig zu sein und dich selbst zu entdecken, und den anderen auch. Du wirst dadurch etwas ausstrahlen, was dich zu etwas Besonderem macht – nicht, um damit dein Ego zu befriedigen, sondern, um deine Ganzheit zu erleben. Andere Menschen werden dein Strahlen sehen und so sein wollen wie du. Nicht in dem Sinn, dass sie dich kopieren, sondern, dass sie sich selbst entdecken wollen.

Lebe in Balance

Und wieder war es die Natur, die mir andeutete, wie unsere Geschichte weitergeht, dieses Mal ein Elsternpärchen, das völlig synchron nebeneinanderher flog. Wir wollen also die Meisterqualität der Ausbalanciertheit betrachten. Sie beschenkt dich damit, ausbalanciert zu sein, dich im Einklang zu befinden, deine männlichen und deine weiblichen Aspekte gleichermaßen auszuleben und dadurch wieder in Übereinstimmung mit deiner eigentlichen Identität zu gelangen. Es geht darum, deine Körpersysteme auszubalancieren, sodass du nicht mehr übersäuert bist; dein Drüsensystem wieder in Balance zu bringen, damit es die ganze spirituelle Energie aus deiner Zirbeldrüse aufnehmen und deine DNS damit gesättigt werden kann; den Energiefluss in deinem Körper wiederherzustellen, sodass die Organe wieder miteinander in Verbindung treten; die Stellung deiner Wirbelsäule wieder in Ordnung zu bringen; deine Freizeit und deine Arbeit im Gleichgewicht zu halten und die Zeit, die du allein verbringst, mit der Zeit, die du mit deinen Kindern, deinem Partner, deiner Familie und deinen Freunden verbringst, auszugleichen. Wenn du es schaffst, alle diese Balancen herzustellen, dann entwickelst du eine Kraft, die dir Frieden und Heilung beschert und dich dein Schöpferpotenzial entfalten lässt. Mit dieser Kraft kannst du andere Menschen segnen. Du kannst dann viel besser dein Herz öffnen, weil du viel direkter mit der Quelle der göttlichen Weisheit verbunden bist. In der Balance von Yin und Yang, Mann und Frau, Schwarz und Weiß näherst du dich dem Einssein und dem Superflow an. Kommst du aus den polaren Extremen in der Mitte zur Ruhe, schwankst nicht mehr zwischen himmelhoch jauchzend und zu Tode betrübt, sondern lebst dein Leben in deinem Rhythmus, deiner Geschwindigkeit und aus deiner eigenen Seele, dann wird es dir zunehmend leichter fallen, deine Lebensziele umzusetzen, die Ganzheit in dir zu fühlen und in den Superflow zu kommen. Dieser Superflow ist die Folge der anderen 11 Qualitäten der Meistermatrix.

Die nächste Stufe des Schöpferseins – Superflow!

Kommen wir noch einmal auf die Perspektive des Mangels zurück. Wir haben gelernt, aus dem Mangel heraus zu kreieren. Wenn du dieses Buch liest, kennst du wahrscheinlich auch »The Secret« und andere Wunschbücher. Es wurde viel darüber gesagt, und all die Gesetze, die gelehrt werden, haben ihre Berechtigung auf dem Lernweg vom Unwissenden zum Schöpfer. Doch eines sollte dir klar sein: Immer, wenn du einen Wunsch hast, dir ein Ziel setzt, dann begibst du dich automatisch und unbewusst in die Position des Mangels. Wenn es etwas gibt, was du dir kreieren möchtest, bist du deswegen dazu motiviert, weil dir etwas fehlt, oder? Sonst würdest du es ja nicht tun. Und aus dieser Mangelperspektive heraus beginnst du dann, all diese Methoden, Affirmationen und Werkzeuge anzuwenden. Diese sind perfekt dazu geeignet, dein konditioniertes, dem Gegenteil zuarbeitendes Unterbewusstsein umzuprogrammieren. Das ist in diesem Entwicklungsprozess ein ganz wesentlicher Schritt, und ich möchte ihn nicht wegrationalisieren!

Doch es kommt der Zeitpunkt, da erreichst du als Schöpfer die nächste Stufe. Momentan benötigst du diese Methoden wahrscheinlich noch, um in den Superflow hineinzugelangen. Aber du wirst sie umso weniger brauchen, je stärker du die Meistermatrix in deinem Leben manifestiert hast.

Je vollständiger du wirst,
desto weniger Mangel erlebst du.

Es wird irgendwann der Moment kommen, da lebst du nur noch aus deiner vollkommenen Ganzheit heraus. Dann musst du nichts mehr kreieren, es ist alles schon da, ohne dass du mit viel fokussierter Aufmerksamkeit dafür sorgen müsstest. Dann bist du im Superflow. Um in diesen Zustand zu gelangen, liest du dieses Buch. Du kannst den Superflow nur aus deinem eigenen Inneren erschaffen, niemals aus dem Außen. Hast du deine Ganzheit erreicht, wird kein Verlangen mehr danach bestehen, noch etwas zu kreieren. Der Zustand von Superflow bedeutet, dass du heute Dinge hast, von denen du nicht weißt, warum sie jetzt da sind; dass du heute Menschen kennst, von denen du nicht weißt, warum sie in deinem Leben sind; dass du heute Dinge einfach nur deswegen tust, weil sie sich saugut anfühlen und dir und deinem Herzen guttun – ohne ein besonderes Ziel, ohne einen besonderen Grund, einfach nur, weil du das Gefühl hast: Das möchte ich tun! Die Idee, dieses Buch zu schreiben, während ich diesen Ultralauf mache, ist nicht der Grund dafür. Zuerst war nur der Herzenswunsch nach dem Laufen da. Natürlich ist es höchst effizient, mit einem Diktafon zu laufen und mich von der Schönheit der Eindrücke in meiner Kreativität inspirieren zu lassen. Das ist ein Angebot der Meistermatrix im Superflow, das ich gern angenommen habe. Jetzt weiß ich auch, warum ich einmal so ein kleines Diktiergerät gekauft habe, das seither ungenutzt im Schrank gelegen hat. Das ist der Superflow, und diese 12. Meisterqualität ist das grandioseste Geschenk unserer Zeit!

Bekomme Klarheit über deine Ziele, und werde wahrhaftig

Ich erreiche gerade den Ort Callantsoog, und ich bin überglücklich. Es sind nun nur noch ein paar Meter zu meiner Herberge. Ich freue mich jetzt darauf, mich ein wenig auszuruhen, um wieder ganz zu Kräften zu kommen.

Doch es gibt noch zwei Qualitäten der Meistermatrix, mit denen ich einen spannenden Tag abschließen möchte. Beginnen wir mit Klarheit: Klarheit darüber, was es für dich bedeutet, dein Leben zu leben, Klarheit über deine Lebensziele. Das ist ein essenzieller Beitrag zum Superflow und deiner Meisterschaft. Klarheit wird immer wieder dazu führen, dass du Korrekturen vornehmen kannst, denn nichts ist beständig, und auch der Weg an dein Ziel wird sich immer wieder verändern. Klarheit über deine Sehnsüchte zu bekommen, darüber, was du willst, wer du bist, wohin dich dein Weg leiten wird, führt dazu, dass dein Liebesbewusstsein in dir erwacht.

Diese Klarheit wird sich jedoch jeden Tag aufs Neue aus sich selbst heraus korrigieren, denn jeden Abend wirst du wieder die Türen schließen müssen zu dem Tag, der jetzt hinter dir liegt, und das, was du erlebt hast, zurücklassen. Indem du deine unmittelbar zurückliegende Vergangenheit abschließt, befreist du dich immer wieder von allem und bringst dich immer wieder aufs Neue in die einzigartige Klarheit des jetzigen Moments. Nur in dieser völligen Klarheit wirst du dann Wahrhaftigkeit entwickeln. Und die eigene Wahrhaftigkeit ist das Kernstück dieser Entwicklung in deine Meisterschaft hinein. Nur ein Meister, der wahrhaftig ist, kann sich selbst und seine ganze Wahrheit leben und wird Zugang zu Höchstleistungen erhalten. Denn du wirst alle deine Sehnsüchte und Wünsche endlich realisieren und das sein, was du wirklich bist, was tief in deinem Inneren ist.

Lasse dein Leben in dem Glanz der Erkenntnis erstrahlen, dass es dazu da ist, dir und dem Ausdruck deiner Seele höchste Priorität zu geben.

Wenn du die Meistermatrix erforschst, wirst du erkennen, wie du aktiv dazu beitragen kannst, den Zustand des Superflow einzuleiten. Du wirst erkennen, wo es noch Möglichkeiten gibt, näher zu dir und deiner Ganzheit zu finden.

Der Ultra-Affirmations-Spaziergang

Heute habe ich mir vorgenommen, diesen ganzen Tag einem einzigen Wunsch, einer meiner Sehnsüchte zu widmen, um dir zu verdeutlichen, wie dir eine fantastische Übung in den Superflow helfen kann. Ich will also diese Übung meinem persönlichen Wunsch widmen, dass dieses kleine Büchlein und das Wissen darin eine maximale Anzahl von Menschen erreichen. Diese Technik ist etwas ganz Verrücktes, aber viele meiner Coaching- und Trainingsteilnehmer haben damit bereits sehr große Dinge manifestiert. Ich selbst habe mir mit dieser Technik einige hundert Seminarteilnehmer kreiert, als ich vor fünfzehn Jahren mit meiner Tätigkeit als Mental- und Bewusstseinstrainer begann. Ein anderer Mensch hat mit dieser Übung 10 kg Gewicht abgenommen, nachdem jahrelange Quälereien mit Diäten nichts gebracht hatten. Scheinbar unglaubliche Erfolge sind mit dem Ultra-Affirmations-Spaziergang möglich.

Im Superflow angekommen verwendest du diese Übung nicht mehr, doch auf dem Weg dorthin ist sie ein großer Schatz. Du kannst diese Übung für die wirklich ganz großen Ziele anwenden, also die, für die es sich auch wirklich lohnt, einen ganzen Tag zu investieren. Ja, einen ganzen Tag! Am besten gehst du dafür wandern, so wie ich das jetzt tue. Warte auf einen schönen Tag mit gutem Wetter, und gehe ganz früh morgens los. Du lässt all dein elektronisches Spielzeug zu Hause und gehst ganz allein los, nur du und deine Affirmation. Diese Übung machst du nur mit einer einzigen Affirmation, der du einen Tag deines Lebens widmest.

Ich habe mir für heute und in Bezug auf meinen Wunsch die folgende Formulierung gewählt: »Das Buch *Lebensziele umsetzen* von Thorsten Weiss ist zu einem Bestseller geworden.«

Sie umfasst alles, denn wenn Hunderttausende dieses Buch gelesen haben, dann wird das Wissen um die kristalline Matrix bei diesen Menschen angekommen sein. Schenke also deiner Affirmation einen ganzen Tag, so wie du deinem Partner oder deinen Kindern einen ganzen Tag schenken würdest. Lerne die Auswirkungen dieser Übung auf deine Kraft, deinen Zustand, deine Entspannung, die Inhalte deines Geistes kennen. Du wirst merken, wie du es dir, nachdem du einen Tag lang affirmiert hast, »gar nicht leisten kannst«, nicht an das zu glauben, was diese Affirmation beinhaltet, bzw. wie »Glaube« tatsächlich durch absolute Konzentration und reines Gefühl entsteht. Da dieser Tag eine ungeheure Manifestationskraft hat, ist es wichtig, einen korrekt formulierten Satz zu verwenden. Wesentlich ist, dass er alles beinhaltet, was du erreichen möchtest, und in der »Bereits-erreicht-Form« formuliert ist. Falsch wäre also bei meinem Beispiel die Affirmation: »Das Buch *Lebensziele umsetzen* von Thorsten Weiss wird zu einem Bestseller«, denn dabei liegt der Fokus auf der Zukunft und dem »wird«. Falsch wäre auch: »Ich schreibe einen Bestseller«, denn dabei liegt der Fokus auf dem Vorgang, dem »schreiben«. Prüfe also immer ganz genau, ob du das, was du affirmierst, so auch wirklich willst. Formuliere konkret! Das Wort Bestseller beinhaltet natürlich schon, dass das Buch zigtausendfach verkauft wurde, doch noch konkreter wäre z. B.: »Das Buch *Lebensziele umsetzen* von Thorsten Weiss ist zu einem lebenslangen, wahrhaftigen und internationalen Bestseller geworden und wurde viele hunderttausend Male verkauft.« Coole Affirmation, ich liebe sie noch immer!

Dieser Ultra-Affirmations-Spaziergang hat die interessante Komponente, dass du ziemlich einfach an die Einwände herankommst, die in deinem Unterbewusstsein liegen, und du kannst sie dabei gleich auflösen. Während du also durch die Landschaft wanderst, sprichst du deine Affirmation, immer laut, nach folgendem Schema: Affirmation aussprechen – Einwand abwarten und bearbeiten – Affirmation aussprechen – Einwand abwarten und bearbeiten usw. Nach jedem Aussprechen der Affirmation wartest du, ob in deinen Gedanken ein Einwand auftaucht (das wird ganz sicher so sein). Diese Einwände werden dann je nach »Schwere« wie folgt behandelt:

Leichter Einwand: Über die bewusste Kontrolle löst sich ein leichter Einwand bereits auf. Du sprichst also Affirmation und Einwand ein paar Mal im Wechsel. Gehe bei der Anzahl einfach nach deinem Gefühl.

Mittelschwerer Einwand: Übertreibe den Einwand auf spielerisch-lustige Weise im Wechsel mit der Affirmation, bis er sich auflöst. Sei ein Schauspieler, und mache den Einwand »lächerlich«, spiele, sei verrückt, sei kindisch.

Starker Einwand: Durchdringe den Einwand mit deinem Bewusstsein. Halte vielleicht kurz an, setze dich irgendwo hin, schließe die Augen und gehe tief hinein, durchdringe den Einwand gedanklich. Das vollständige Durchdringen, Erleben und Verschmelzen mit dem Einwand löst ihn schließlich auf.

Der erste Einwand auf meine Affirmation »Das Buch *Lebensziele umsetzen* von Thorsten Weiss ist zu einem lebenslangen, wahrhaftigen und internationalen Bestseller geworden und wurde viele hunderttausend Male verkauft« war: »Aber wie kann ein so kleines Büchlein zu einem Bestseller werden?« Ich stufte diesen Einwand als mittelschwer ein und machte ihn lächerlich, indem ich ihn mehrere Male wiederholte und ihn innerlich auslachte. Nicht mich mit dem Einwand, sondern den Einwand – das ist wichtig.
Der nächste Einwand lautete: »Bücher dieser Art wurden doch schon hundertfach geschrieben, und alle behaupten sie, den Stein der Weisen entdeckt zu haben.« Dieser Einwand schien mir sehr gewichtig zu sein, und ich durchdrang in vollkommen. Ich ließ ihn so lange da sein, bis ich ihn nicht mehr fühlen konnte. Ich wartete sozusagen, bis mein inneres Bild sich verändert hatte und ich ganz von allein in meinem Inneren wahrnahm, wie positive Bilder der erwünschten Situation entstanden. Es waren keine selbst gemachten Bilder, also keine aktive Visualisierung, sondern mir wurde ein Einblick in die Zukunft gewährt. Ich sah in vielen Buchhandlungen enorm hohe Bücherstapel liegen, Displays an den Kassen, mannshohe Poster des Buchcovers in den Schaufenstern und einen Verleger, der sehr glücklich damit war.

Manchmal werde ich auch verrückt, schreie den Einwand oder die Affirmation in den Himmel, erzähle den Bäumen, den Blumen, den Elfen oder Vögeln davon oder mache sonstige komische Dinge, die mir gerade in den Sinn kommen. Je spielerischer du mit dieser Übung umgehst, desto wirkungsvoller ist sie. Wohltuender Unsinn ist oftmals der Schlüssel zum Erfolg. Warum sind Kinder wohl so kreativ, glücklich und zufrieden?
Es geht darum, die Disziplin der beständigen Wiederholung mit spielerischer Leichtigkeit zu verbinden, damit der Spaziergang zum persönlichen Abenteuer mit dir selbst wird, auch wenn es relativ viel »Arbeit« ist. Die Arbeit wird nur so lange gemacht, bis du vollkommen von deiner Affirmation durchdrungen bist, es fühlst und weißt und deine Seele die Wahrheit der Aussage vollkommen »schmecken« kann. Es kann sein, dass auf diesem Spaziergang alle möglichen Hindernisse auftauchen: Kopfschmerzen, Muskelkater, Unlustgefühle, Schwindel, Übelkeit oder was auch immer. Wichtig ist, dass solche unliebsamen Zustände als Einwand des Unterbewusstseins verstanden und auch als solche behandelt werden.

Nimm einen Block auf diese Wanderung mit, und schreibe diese Einwände auf, damit du sie später mit der kristallinen Zahlenmatrix transformieren kannst. So kannst du ganz sicher sein, dass diese Einwände in deinem Inneren niemals wieder deiner Kreation im Wege stehen werden.

Gerade eben wird mir übel. Ich führe das zum einen auf den Grünkohl zurück, den ich heute Morgen wahrscheinlich im Übermaß in meinen Smoothie gemischt habe, doch gleichzeitig wird mir folgender Einwand klar: »Erfolg schlägt dir auf den Magen.« Was für ein Einwand! Ich beginne also direkt damit, diesen Einwand mit folgenden Sätzen zu transformieren:
»Erfolg ist gut für mich – ich habe Erfolg verdient – ich gestehe es mir zu, einen Bestseller zu schreiben (hier setzt du ein, was für dich zutrifft) – ich habe ein Recht darauf … (Bestsellerautor zu sein) – es ist gut für mich – ich habe es verdient – es ist perfekt für mich – Erfolg als … darf jetzt sein – es ist in Ordnung für mich, ein … zu sein – es ist jetzt an der Zeit für mich, ein … zu sein.« Diese positiven Glaubensmuster kombiniere ich noch mit einer Reihe von Finger-Mudras. Ich halte Daumen und Zeigefinger zusammen während ich sage »Erfolg

ist gut für mich«, wechsle danach zu Daumen und Mittelfinger und affirmiere wieder »Erfolg ist gut für mich«, wechsle danach zu Daumen und Ringfinger, affirmiere, wechsle dann zu Daumen und kleinem Finger und affirmiere ein letztes Mal. Danach wiederhole ich das Ganze mit der nächsten Affirmation »Ich habe Erfolg verdient«, usw. Am Ende mache ich dann noch ein paar Durchläufe mit meiner ursprünglichen Affirmation »Das Buch *Lebensziele umsetzen* von Thorsten Weiss ist zu einem lebenslangen, wahrhaftigen und internationalen Bestseller geworden und wurde viele hunderttausend Male verkauft.« Tschakka!

Und weißt du, was dann geschah? Ich sagte plötzlich ganz automatisch: »Es ist jetzt gut für mich, einen Bestseller zu schreiben.« Das ist neu für mich, doch wie du siehst, schickt einem sein höchstes Bewusstsein immer wieder Botschaften, die man aufmerksam beachten sollte. Es sind manchmal die kleinen, subtilen Beweise, die besonders essenziell sind.

So fliegt in diesem Moment, in dem ich meine Affirmation wieder sage, aus dem kleinen Wassergraben neben mir ein weißer Reiher auf. Erst erschrocken, aber dann ehrfürchtig betrachte ich den weiten Flügelschlag dieses wundervollen Vogels. Ich habe noch nie zuvor einen weißen Reiher gesehen, ich wusste nicht einmal, dass

diese Art existiert. Doch ich weiß, dass dahinter eine Botschaft verborgen ist. Die Weisheiten der Schamanen können uns zu Synchronizitäten aus der Tierwelt immer etwas sagen. Jeanne Ruland hat dazu ein wunderbares Buch mit dem Titel *Krafttiere begleiten dein Leben* geschrieben. Die Botschaft des Silberreihers für mich ist: Sei dir deiner selbst ganz sicher! Ich gebe dir die Kraft, ganz auf dich zu vertrauen. Außerdem steht er für Fruchtbarkeit und Reichtum. Ist das nicht wunderbar? Und dann sehe ich sogar noch einen zweiten weißen Reiher. Vertrauen, Fruchtbarkeit und Reichtum im Doppelpack für mein Ziel. Wow, was ist das für ein besonderer Moment auf diesem Ultra-Affirmations-Spaziergang!
Das höchste Bewusstsein, das Universum, das Leben hält immer wieder Überraschungen bereit und gibt dir immer Hinweise darauf, ob du auf dem richtigen Weg bist. Sei aufmerksam, und lerne, die subtilen Zeichen um dich herum zu erkennen. Das gibt dir viel Sicherheit und unterstützende Kraft.

Reserviere doch gleich einen Termin für deinen Ultra-Affirmations-Spaziergang in deinem Kalender, und notiere hier die Affirmation, mit der du arbeiten möchtest:

____

____

____

Wenn du dir nicht sicher bist, ob deine Affirmation auch gut ist oder noch besser formuliert werden könnte, sprich mit einer Person, der du vertraust, darüber, und entwickle mit ihr gemeinsam eine kraftvolle Affirmation für dein Lebensziel. Freue dich jetzt auf einen Tag Spazierengehen oder Wandern und Sprechen deiner Affirmation. Du solltest nur für Toilette, Mittagessen, Trinken und eine Kaffeepause unterbrechen. Dein Lebensziel verdient hundertprozentige Hingabe. Und irgendwann wird es dann in dir aufhören wollen zu sprechen. Dann ist alles getan, du vergisst vielleicht sogar, wie die Affirmation lautete. Ab diesem Zeitpunkt kannst du beginnen, deine neue Identität zu genießen.

Ein Paradies mitten im Wald

Heute Morgen musste ich 15 km lang laufen, um das erste und einzige Restaurant auf meiner heutigen Etappe zu erreichen. Ich konnte dort wenigstens eine Stunde lang sitzen. Doch nun gehe ich mit großen Schmerzen in den Beinen weiter. Ich habe noch ca. 11 km vor mir und keine andere Wahl, als diese zu gehen. Ich laufe auf einem Weg, der fernab jeder Siedlung ist, und da keine Straße zu sehen ist, kann ich momentan nicht einmal aufgeben und in einen Bus steigen. Sch...!
Leichter Schneefall wechselt sich ab mit neblig-trübem Winterwetter, bei dem die Menschen an diesem Sonntagmittag wahrscheinlich lieber zu Hause am offenen Kamin sitzen. Das hat hier in Holland beinahe jedes Haus, und ich stelle mir das gerade ziemlich gemütlich vor. Na ja, Zähne zusammenbeißen und durch!
Ich hatte bereits die Hälfte der letzten Etappe geschafft, doch ich konnte nicht mehr. Meine Trinkflasche war leer und ich hatte bereits wieder Hunger. Ich sehnte mich nach einer Erfrischung, etwas Schmackhaftem, etwas, was meinem Körper wieder Kraft geben konnte.

Ich schickte also mein Stoßgebet in den Himmel und war erstaunt, in dem Moment am Ende des Weges eine Gruppe Menschen stehen zu sehen. Sie hatten Warnjacken an, und als ich näher kam, stellte ich fest, dass es ein Wegposten sein musste. Doch wofür? Mal sehen, was hier los war! Nach so viel Einsamkeit kam mir das wie eine Sensation vor, mitten im verschneiten Wald. Umso mehr die vielen Menschen, die mir plötzlich entgegenkamen. Sie hatten alle Startnummern auf ihrer Brust. Irgendwie war ich mitten auf einer Marathonstrecke gelandet, die ich nun entlanglief. Es kamen mir zwei Mädchen auf Fahrrädern entgegen, die ein Schild mit sich führten. »Die letzten dreißig«, stand darauf. Witzig! Ich kam dann an allerlei Tischen vorbei, an denen es Wasser gab, Obst, Powerriegel und andere Leckereien. Selbst in meinen kühnsten Träumen hätte ich nicht erwartet, auf welche Idee mein höchstes Bewusstsein wieder gekommen war, um mir das zu geben, was ich jetzt unbedingt brauchte: Stärkung! Ein Paradies mitten in den winterlichen Wald- und Dünengebieten Nordhollands! Da fiel mir noch ein weiterer Wunsch ein, den ich schon lange einmal hatte umsetzen wollen, nämlich einen Marathon zu laufen. War es Zufall, dass ich beim Zieleinlauf ungefähr 42 km hinter mir hatte?

Die Kurskorrektur – ein segenvolles Ende

Gestern hatte ich mich mit meinen letzten Kräften ins Hotel schleppen können. Der Rucksack hatte sich wie eine tonnenschwere Last angefühlt. Ich habe mir wohl ein wenig zu viel vorgenommen. Die 26 Kilometer gestern an einem Stück in diesem Tempo waren eindeutig eine Liga zu hoch für mich gewesen. Ich hatte nicht aufgeben können, denn in diesem Wald war ich allein gewesen und der abgelegene Weg hatte mich nur durch Dünen und eine Gegend geführt, die, nachdem der Marathon vorbei gewesen war, so verlassen war wie vor dieser realen Fata Morgana. Es hatte wunderschön geschneit, und die Winterlandschaft war so eindrucksvoll gewesen, dass ich das Gefühl gehabt hatte, high zu sein. Dadurch hatte ich mich gerade noch auf mein Hotelzimmer schleppen können, das auch noch auf der zweiten Etage lag. Ich hatte das Zimmer mit der Nummer 11 bekommen. Die Meisterzahl! Wieder ein Beweis, dass ich geführt werde. Noch eben einen Smoothie zum Abendessen gemacht, und dann ab ins Bett, einfach nur liegen! Schon lange hatte ich mich nicht mehr so danach gesehnt. Die Nacht war mühsam.

Ständig kamen diese Gedanken: Musste ich jetzt nach 45 km schon aufgeben? Die Antwort lag sehr nahe, als ich meine Füße betrachtete. Ich erschrak, denn mein rechter kleiner Zeh war schwarz. Gott sei dank, war es nur ein kleines Hämatom, das sich dort gebildet hatte, doch das erklärte auch den stechenden Schmerz, dem ich den ganzen Tag zu entkommen versucht hatte. Es sah ganz so aus, als müsste ich eine Pause einlegen. Doch am nächsten Morgen sah alles anders aus.

Ich fühlte mich erstaunlich gut, und nachdem ich gefrühstückt hatte, plante ich meine Route für den Tag. Sie musste effizient sein und ohne Umwege zum nächsten Etappenziel führen. Ich ging hinaus in das illustre Städtchen Bergen, das zu den schicken Orten des Nordens zählt. Es wirkt beinahe ein wenig schottisch. Doch nach einigen hundert Metern kehrte der stechende Schmerz in meinem Schienbein zurück, der bis heute, zwei Tage danach, immer noch anhält. Erfreulicherweise stand meine Rettung schon bereit, denn der Bus, der da wartete, als ich um die nächste Ecke bog, fuhr nach Alkmaar. Ich wusste, dass dort der nächste Bahnhof ist. Ich stieg also ein und ließ mich entgegen meinen Plänen und doch dankbar, dass mein Leben wieder einmal alles so perfekt für mich orchestriert hatte, mit dem Zug nach Uitgeest fahren. Natürlich stand an diesem Bahnhof ein einziges Taxi, von dem ich mich in das nächste Hotel bringen ließ. Es war ein wunderschönes altes Landgut in Heemskerk, das abgeschieden inmitten eines kleinen Wäldchens liegt. Der perfekte Ort, um dieses Buch zu Ende zu schreiben! Ich habe noch um eine Nacht verlängert, und das war das Beste, was mir passieren konnte. Ich bin nicht enttäuscht darüber, dass ich mein Lebensziel nicht auf die Weise umsetzen konnte, wie ich es mir gewünscht hatte. Ich bin mir ganz sicher, auf dieser Reise etwas Grandioses entdeckt zu haben. Mir war schon immer bewusst, dass mein Körper mein wichtigstes Instrument hier auf der Erde ist, um dem Bewusstsein Ausdruck zu verleihen. Was bringen mir alle erreichten Ziele, wenn der Körper krank, ausgelaugt und schwach ist? Gar nichts! Ich lasse mir aus der Vollkommenheit heraus den Weg zeigen, den mein Leben mir gibt, um meine Lebensziele auf die beste mir zu Verfügung stehende Weise umzusetzen. Wie gesagt sind manchmal Kurskorrekturen notwendig. Dein Leben wird dir diese immer zeigen, dein Körper ist ein Indikator dafür, und es sollte immer höchste Priorität haben, darauf zu hören, was er dir sagt. Lasse es nicht bis zum Burn-out kommen! Ich sagte bereits, wie wichtig es ist, in der neuen Bewusstheit flexibel und anpassungsfähig zu sein. Ich bin erleichtert, dass ich so wahrhaftig mir selbst gegenüber war, mir die Notwendigkeit einer Kurskorrektur einzugestehen. Ohne diese zwei Tage hier auf diesem Landgut hätte ich dieses Buch nicht in so einem kreativen Flow zu Ende bringen können. Du kannst dir ganz sicher sein, dass du dein Lebensziel erreichen wirst, wenn du dich überraschen lässt, welchen Weg dein Leben dir dafür anbietet. Und so freue ich mich nun auf den vorletzten Tag meiner Reise, den ich morgen regeneriert wandernd fortsetzen werde. Ich werde dann am Ziel ankommen, in Noordwijk aan Zee, wo alles begonnen hat. Dort liegen die Kristalle in der Erde vergraben. Dort ist das Zuhause der kristallinen 12er-Matrix auf der Erde. Dort begann meine Arbeit mit der Lichtkraft.

Manifestation und Transformation durch die kristalline Zahlenmatrix

Die kristalline Struktur, die in deinem Inneren ist, ermöglicht dir die Rückverbindung mit der Urmatrix. Die Zahlenmatrix, die du gleich anwenden wirst, erinnert dein Gehirn daran, sich auf diese intelligente Matrix einzuschwingen und deine Zellen dafür zu öffnen, sich zu erinnern. Dein Verstand wird dir dadurch nicht im Wege stehen, denn er »versteht« diese Zahlen. Der Verstand will nichts wissen von Engeln, Meistern und kristallinen Dimensionen, weil diese für ihn nicht existieren. Eine Zahl versteht er, der will er sich öffnen, dazu will er Ja sagen. Die großen Zusammenhänge der unerforschten DNS und die Verschmelzung des menschlichen Erdenbewusstsein mit den höheren Dimensionen der Erde, die du und viele andere in den letzten Monaten, Jahren, Jahrzehnten erschaffen haben, beginnen, dem Ganzsein für den Menschen einen ganz neuen Ausdruck zu verleihen, und es erscheint alles logisch und richtig. Das Ganzsein, das du infolge der Rückerinnerung an deine Urmatrix erleben wirst, wird dir endlich das Gefühl von Mangel nehmen. Wenn du ganz bist, wirst du das Leben im Überfluss erleben, sodass immer alles vorhanden ist, und du wirst nicht mehr das Gefühl haben, zu kurz zu kommen. Du hast dann einen Magneten in dir aktiviert, der jederzeit alles in dein Leben zieht. Du wirst alle deine Lebensziele durch den Superflow erreichen, wenn du ganz bist, denn Vollkommenheit zieht Vollkommenheit an. Ob du dann noch Ziele brauchst oder nicht, ist egal. Wahrscheinlich hast du durch dieses Bewusstsein der Ganzheit auch nicht mehr nach so vielem ein Bedürfnis. Im Außen kann dich nichts mehr glücklicher machen als du sowieso schon bist. Die neuen Klamotten, das Auto, das Haus, all die Dinge, denen du bisher hinterhergelaufen bist, sind plötzlich nicht mehr nötig, um dich glücklicher zu fühlen, weil du aus dir heraus vollkommen bist. Du wirst diese Dinge immer noch haben, das wohl. Du wirst dir alles, was du brauchst und was sich dann noch »sinnvoll« für dich anfühlt, leisten können, weil du im Überfluss lebst. Doch manchmal wirst du dich auch fragen, was du nun mit diesem ganzen Geld, Ruhm und den vielen schönen Dingen um dich herum anfangen sollst. Und dann hast du den Beweis für deine Ganzheit. Endlich kannst du all diese Dinge als nettes Spielzeug des Lebens betrachten, und du schaust

einfach, welches dieser Dinge dir gerade am meisten Spaß macht. Dann spielst du damit, nicht weil du es brauchen würdest, sondern weil du es schön findest, damit zu spielen. Dann machst du dich beispielsweise auf eine Wanderung mit dem Ziel, nach 140 km Fußmarsch wieder zu Hause zu sein, und erkennst dann unterwegs, wie gemütlich es doch in einem Hotel in den Dünen ist, wenn du am brennenden Kamin sitzen und ein Buch schreiben kannst.

Ich möchte dich jetzt zum Ende dieses Buches dazu einladen, dich selbst als Quelle deiner Ganzheit kennenzulernen. Mithilfe der letzten Übung wirst du auf einer tiefen Ebene erfahren, wie es sich anfühlt, wieder vollkommen ganz zu werden, und du wirst die Energie dafür aus deinem eigenen Inneren holen.

Nimm noch einmal dein Wundertagebuch zur Hand. Hast du noch die 12 Zettel? Schneide sie so zurecht, dass sie in dein Buch passen und man die jeweilige Meisterqualität lesen kann. Jede der 12 Meisterqualitäten bekommt eine eigene Doppelseite in deinem Wundertagebuch. Klebe das Papier, auf dem »Superflow« steht, auf die linke Seite der ersten Doppelseite, die vor dir liegt, wenn du das Wundertagebuch aufschlägst. Schreibe darunter die Zahlenmatrix 1 2 1 8 6 6 7 6 3 8 1 2. Dann schlägst Du die nächste Doppelseite auf und klebst dort das Blatt mit dem Wort »Klarheit« ein. Schreibe darunter die Zahlenmatrix 0 5 1 6 8 9 7 3 1 5 0 5. Und so machst Du dies nun mit den restlichen zehn Blättern auf dieselbe Weise.

Superflow	***121866763812***
Klarheit	***051689731505***
Heilung	***016373184901***
Akasha-Potenzial	***086699221108***
Ausbalanciertheit	***022369719502***
Wahrhaftigkeit	***061649589906***
Segnungen	***091376974409***
Einssein	***077388796607***
Höhere Weisheit	***107389221610***
Frieden	***116378691711***
Wohlstand und Überfluss	***031313294603***
Liebe	***047195386504***

Und jetzt beginnt dein Transformationsprozess. Verwende die leeren, rechten Seiten in deinem Buch dazu, dir in der kommenden Zeit darüber bewusst zu werden,

was dir auf dem Weg zur vollkommenen Entfaltung der Meisterqualitäten noch fehlt. Was sind die Herausforderungen, mit denen du in deinem momentanen Leben noch konfrontierst wirst? Wo müssen vielleicht noch Kurskorrekturen vorgenommen werden? Was fällt dir dazu ein? Schreibe alles auf die jeweilige Doppelseite, und sei dir sicher, dass allein dadurch und durch die transformierende Kraft der 12er-Matrix alles in Bewegung gesetzt wird, was jetzt notwendig ist.
Im Folgenden findest du ein paar Ideen, denen du beim kreativen Auffinden der Themen folgen kannst, die du dazu aufschreiben möchtest, um so die jeweilige Meisterqualität ganz und gar zu entwickeln und dadurch immer mehr in deine Ganzheit hineinzuwachsen. Bei dieser Übung mit der Zahlenmatrix spielt es überhaupt keine Rolle, wie genau du das formulierst, denn dein höchstes Bewusstsein weiß genau, was gemeint ist. Mache dir also über Grammatik oder die Regeln, die du zu Affirmationen gelernt hast, z. B. dass du keine Verneinungen gebrauchen dürftest, keine Sorgen. Vergiss das alles! Was möchtest du innerhalb dieser Meisterqualitäten noch erreichen? Welche Herzenswünsche hast du dazu?

Klarheit: Was muss für dich mehr Klarheit bekommen? Wo möchtest du klarer sein? Möchtest du in bestimmten Situationen klarere Aussagen machen? Was musst du verändern, um für dich Klarheit zu entwickeln? Wen musst du vielleicht zurückweisen, um Klarheit zu schaffen? Was gibt es zu klären, was dir oder auch anderen beteiligten Personen mehr Klarheit bringt? Denke an all deine Lebensbereiche: Beziehungen zu deinem Partner, zu deinen Freunden, deinem Chef, deinen Kindern, deinen Eltern, allen Menschen in deinem Umfeld. Wo bedarf es Klarheit?
Heilung: Schreibe alles auf, wovon du weißt, dass es in deinem Körper nicht in Ordnung ist! Wie sollte es bestenfalls sein? Wovon möchtest du, dass es in dir heilt? Es können auch Emotionen sein oder Situationen, die du immer und immer wieder erlebst. Was möchte Heilung in deinem Leben erfahren? In deinem Alltag? In deinen Finanzen?
Akasha-Potenzial: Schreibe all deine Potenziale auf, derer du dir bereits bewusst bist; Dinge, die du gern noch zur Vollendung bringen möchtest; Potenziale, von denen du vielleicht nicht weißt, dass sie da sind, von denen du aber spürst, dass sie da sein müssen; Talente, Fähigkeiten, Dinge, die zu können du die Sehnsucht in deinem Herzen fühlst. Künste, in denen du dich gern

kreativ ausdrücken möchtest. Alles, wozu du Lust hast, was du dich aber vielleicht nicht richtig getraut hast. Was würdest du gern als Beruf tun, hast aber vielleicht geglaubt oder dir einreden lassen, dass du nicht gut genug dafür seiest, dass du das nicht könntest, weil du schon vierzig Jahre etwas anderes tust oder dass du es nicht wert bist oder es nicht verdienst hättest.

Ausbalanciertheit: Schreibe alles auf, was du in deinem Leben zur Balance bringen möchtest! Worauf möchtest du dich konzentrieren? Ausbalanciertheit zwischen dem, was du gibst und was du nimmst? Mehr Ausbalanciertheit im Verhältnis zwischen Arbeit und Freizeit? Bei der Zeit, die du mit der Familie und die du mit Freunden verbringst? Welche Emotionen müssen vielleicht ausbalanciert werden?

Wahrhaftigkeit: Hierbei geht es um alle Bereiche in deinem Leben, in denen du noch wahrhaftiger sein möchtest oder dein Wesen noch wahrhaftiger ausleben möchtest. Bist du in deiner Beziehung du selbst? Oder tust du Dinge, um den anderen nicht zu verletzen, entfernst dich dadurch aber von deiner eigenen Wahrhaftigkeit? Hast du vielleicht gelernt, dass du die Gefühle anderer nicht verletzen darfst? Beschäftigt dich noch das Konzept von Schuld? Fühlst du dich manchmal schuldig? Wofür? Welche Dinge traust du dich nicht

auszuleben aus der Angst heraus, was andere über dich denken könnten? Wo bist du nicht wirklich hundertprozentig ehrlich zu dir selbst? Was müsste in deinem Leben korrigiert oder verändert werden, damit du wirklich wahrhaftig sein kannst? Welche Menschen dürften möglicherweise nicht mehr in deinem Leben sein oder welche Menschen halten dich davon ab, wahrhaftig zu sein?
Segnungen: Bist du dir möglicherweise noch zu wenig bewusst, dass du ein segnendes Wesen bist? Dass du ein strahlendes, lichtvolles und liebevolles Wesen bist? Dass du ein Mensch bist, der mit seiner Präsenz anderen Menschen weiterhelfen kann? Der durch seine Präsenz andere Menschen berührt und dadurch andere Menschen zum Wachstum verhilft? Was gibt es möglicherweise für Programme in dir, die dir das Gegenteil sagen? Möchtest du durch deine therapeutische Tätigkeit Heilenergie übertragen? Was möchtest du anderen gern weitergeben? Welches Selbstbild möchtest du von dir kreieren? Mit welchem Instrument möchtest du segnen? Vielleicht mit deiner Stimme? Oder mit deinem Äußeren? Möchtest du durch deine Blicke segnen? Durch deine Berührungen?
Einssein: Brauchst du mehr Raum für dich? Brauchst du in deiner Wohnung ein eigenes Zimmer, in dem du dich entfalten kannst? Sehnst du dich danach, einmal

allein in den Urlaub zu gehen? Allein für dich zu sein? Bei dir anzukommen? Dich selbst zu spüren? Dich wahrzunehmen? Welche Sehnsüchte hast du in deinem Herzen? Nicht mehr abhängig zu sein von deinem Partner, deinen Eltern, deinen Kindern? Finanziell, materiell, emotional? Einssein bedeutet, deine volle Kraft und Ganzheit zu haben ohne emotionale Abhängigkeit, ohne dass du die Liebe eines anderen haben möchtest, die Wertschätzung und Bewunderung, die Fürsorge. Ertappst du dich dabei, dass du selbst zu fürsorglich bist und dich möglicherweise etwas zurückziehen kannst, um anderen die Möglichkeit zu geben, stärker eins zu sein?

Höhere Weisheit: In welchen Situationen möchtest du stärker mit der göttlichen Weisheit verbunden sein? Im Beruf oder deiner therapeutischen Tätigkeit? Als spiritueller Coach? Möchtest du mehr Weisheit in Situationen mit deinen Kindern haben? Wo bist du möglicherweise unsicher in deinem Job, in deinem Alltag? Hättest du gern mehr Führung und mehr Sicherheit? Fühlst du dich manchmal im Stich gelassen? Wo hast du Bedarf an mehr Informationen? In welchen Situationen gehst du zu sehr über den Verstand und lässt dich nicht vom höheren Wissen leiten? Was ist mit deinem Herzen? Hat das auch etwas zu sagen in deinem Leben?

Frieden: Mit welchen Menschen möchtest du friedlicher zusammen sein? Gibt es Nachbarn, mit denen du im Streit liegst? Kinder, Partner, gibt es Menschengruppen, Gruppierungen, Glaubensrichtungen, Länder – irgendetwas, womit du nicht im Frieden bist? Wobei merkst du, dass du davon herausgefordert wirst? Was bringt dich aus der Fassung? Was kannst du nicht mit Frieden betrachten? Politiker, Situationen?

Wohlstand und Überfluss: Was möchtest du für dich in diesem Leben oder diesem Jahr erschaffen? Welche Bereiche deines Lebens sind momentan noch nicht von Überfluss und Wohlstand gesegnet? Wo hast du noch zu wenig oder glaubst, zu wenig zu haben?

Göttliche Liebe: In welchen Situationen möchtest du noch stärker aus deinem Herz heraus leben? Wann möchtest du mehr mit dem Herzen entscheiden? Bei welchen Ereignissen möchtest du mit deinem Herzen mehr bei der Sache sein? Welche Bereiche gibt es in deinem Leben, in denen du zu sehr über deinen Verstand gehst? In denen du nicht weiterkommst? Zu welchen Gelegenheiten möchtest du mehr auf dein Gefühl vertrauen? Welche ganz alltäglichen Dinge möchtest du mehr aus dem Herzen erleben? Wann möchtest du mehr auf dein Gefühl hören?

Alles, was du jetzt auf diese Seiten schreibst, beginnt, sich automatisch in irgendeiner Weise zu transformieren. Verteile auch deine Einwände aus dem Ultra-Affirmations-Spaziergang auf diesen Seiten. Alles kommt auf seine eigene Weise in Fluss, ohne dass du dafür noch etwas tun musst. Deswegen halte dich nicht zurück, alles aufzuschreiben, was du jetzt in diesem Moment fühlst, was dir in den Kopf kommt, worüber du nachdenkst. Du musst diese Erkenntnisse mit niemandem teilen, denn es ist dein eigenes kristallines Bewusstsein.

Spiele auf diese Weise weiter mit deinem Wundertagebuch. Dir wird sicher eine Menge einfallen, was du damit noch anstellen kannst. Spiele mit der Zahlenmatrix und mit den einzelnen Meisterqualitäten.*

Erwecke die kristalline Kraft in deinem Inneren. Für dich! Und wenn du es durch deinen Erfolg anderen vormachst, wenn dein neuer Wohlstand, dein Frieden und die Aktivierung deines Akasha-Potenzials und der daraus resultierende Superflow bei anderen etwas auslöst, dann werden sie es dir nachmachen. Denn dein Ganzsein, dein authentisches Wesen wird bei ihnen etwas

* Es gibt zu jeder dieser Meisterqualitäten eine spezielle Meditation. Wenn du deinen Entwicklungsprozess in die Ganzheit hinein auf diese Weise unterstützen möchtest, kannst du dies durch die Lichtkraft-Meditation tun, die es zu allen 12 Qualitäten gibt. Schaue dazu bitte in meinem Webshop auf www.behealed.de vorbei.

auslösen. Sie fühlen sich angezogen von dieser Art des Lifestyles, sie wollen auch diese Energie ausstrahlen. Du bist zu einem Vorbild geworden. Die Erinnerung an die kristalline Dimension in dir, das repräsentiert genau die 96 Prozent der DNS, die die Wissenschaft bis jetzt nicht erklären kann! In den kommenden Monaten wirst du feststellen, dass du keinen Bergkristall brauchst, um deine Wohnung zu klären. Habe ihn einfach nur, weil er schön ist. Du wirst verstehen, dass kein Engel dir ein Gefühl geben kann, das du nicht bereits in dir getragen hast. Begreife also, was es bedeutet, wieder ganz zu sein und dem Leben zu vertrauen. Es ist alles da, was du brauchst. Es ist alles in dir.

Es ist, als ob du Geschichte schreibst, denn dadurch, dass diese Matrix nun in dir erwacht, wird sie auch anderen, der ganzen Menschheit helfen. Ich wünsche dir von ganzem Herzen, dass du auf diese Weise alle deine Lebensziele umsetzen kannst und dich dieses Buch bereichern wird, so wie mir dieses Wissen, das ich in den letzten Jahren intensiv empfangen konnte, gezeigt hat, was das Leben so lebenswert macht.

Noordwijk an Zee
im Februar 2012